搭地鐵
玩遍大邱

太雅

查詢天氣預報：GOOGLE 關鍵字，輸入「城市名 天氣」搜尋

Google （輸入城市名）天氣

天氣炎熱 27°C
短袖或無袖上衣，短褲或薄款長褲／長裙 等等
請注意保濕防曬，補充水分、擦乳液／防曬乳，建議可攜帶帽子、陽傘

26°C 23°C
短袖上衣，或可薄襯衫、薄長T，短褲或薄款長(棉)褲／長裙…等等
仍須留意保濕防曬，補充水分、擦乳液／防曬乳

22°C 20°C
襯衫、長T、連帽上衣，長(棉)褲、長裙、寬褲、緊身褲、針織外套…等等
氣溫越降低，韓國的空氣會越乾燥，要留意保濕、補充水分、擦乳液

19°C 17°C
薄針織上衣、連帽上衣，牛仔褲、棉褲、寬褲、連身裙，針織外套 等等
日夜溫差漸大，建議帶外套備用。空氣乾燥，要留意保濕、補充水分、擦乳液

16°C 12°C
棉長袖／連帽上衣，牛仔褲、棉褲，裙子＋褲襪，夾克、針織／毛線／薄羽絨外套 等等
日夜溫差大，建議帶外套備用。空氣乾燥，要留意保濕、補充水分、擦乳液

11°C 5°C
厚棉長袖／連帽上衣，厚長褲、裙子＋厚褲襪，羽絨外套、洋蔥式穿法，圍巾手套暖暖包
日夜溫差大，建議帶外套備用。空氣乾燥，要留意保濕、補充水分、擦乳液

5°C 零下
厚T毛衣、發熱衣，厚長褲、裙子＋厚褲襪，羽絨外套、洋蔥式穿法，圍巾手套暖暖包
基本可防水外套，避免衣物下雪淋濕，或是用圍巾包頭防風灌入，就不會感覺太冷

每個人體感溫度不同，此表僅供參考使用！

韓國首爾‧自助旅行吃喝玩樂報馬仔
韓國釜山‧自助旅行吃喝玩樂報馬仔

JOIN US

感謝協助製作：Snow Su
Chuanbar 卷吧

4

世界主題之旅 104

搭地鐵 玩遍大邱

新第三版

作　　　者	Helena(海蓮娜)
韓文校對	安彗廷(안혜정)、王淨嬪(왕정빈)

總　編　輯	張芳玲
發想企劃	taiya旅遊研究室
編輯部主任	張焙宜
企劃編輯	張焙宜
主責編輯	林云也
特約編輯	陳妏甄
修訂編輯	黃琦
封面設計	許志忠
美術設計	許志忠
地圖繪製	許志忠

國家圖書館出版品預行編目(CIP)資料

搭地鐵玩遍大邱(附浦項、盈德、慶州、
安東)／Helena(海蓮娜) 作 .
— 三版 . — 台北市：太雅，2023. 09
面； 公分 . —（世界主題之旅；104）
ISBN 978-986-336-459-7（平裝）

1.火車旅行　2.地下鐵路　3.韓國大邱市

732.7849　　　　　　　　　112011175

太雅出版社
TEL：(02)2368-7911　FAX：(02)2368-1531
E-MAIL：taiya@morningstar.com.tw
太雅網址：http://taiya.morningstar.com.tw
購書網址：http://www.morningstar.com.tw
讀者專線：(02)2367-2044、2367-2047

出　版　者	太雅出版有限公司
	106台北市大安區辛亥路一段30號9樓
	行政院新聞局局版台業字第五○○四號

讀者服務專線：(02)2367-2044、(04)2359-5819#230
讀者傳真專線：(02)2363-5741、(04)2359-5493
讀者專用信箱：service@morning.com.tw
網路書店：http://www.morningstar.com.tw
郵政劃撥：15060393 (如己圖書股份有限公司)

法律顧問　陳思成律師

印　　　刷	上好印刷股份有限公司 TEL：(04)2315-0280
裝　　　訂	大和精緻製訂股份有限公司 TEL：(04)2311-0221
三　　　版	西元2023年09月01日
定　　　價	430元

(本書如有破損或缺頁，退換書請寄至：
台中市工業30路1號 太雅出版倉儲部收)

ISBN 978-986-336-459-7
Published by TAIYA Publishing Co.,Ltd.
Printed in Taiwan

填線上回函
搭地鐵玩遍大邱
新第三版

bit.ly/2U61gl4

編輯室：本書內容為作者實地採訪的資料，書本發行後，開放時間、服務內容、票價費用、商店餐廳營業
狀況等，均有變動的可能，建議讀者多利用書中的網址查詢最新的資訊，也歡迎實地旅行或是當地居住的
讀者，不吝提供最新資訊，以幫助我們下一次的增修。聯絡信箱：taiya@morningstar.com.tw

韓國&大邱 對流行性傳染病的防範及通關政策

後疫情時代，各項規定有滾動調整的可能，建議出發前再做確認。

疫情之後，至本書送印前

自2023年3月20日起，韓國解除大眾交通配戴口罩的義務後，目前除了以下特殊場所外，包含室內、室外、交通工具上等，都已經可以不用戴口罩。若要自主戴口罩，當然也是可以，也有部分韓國人還是有戴口罩，不用擔心遭受異樣眼光。

韓國防疫當局呼籲，繼續做好洗手、換氣等個人防護，仍需或建議戴口罩的情況如下：

1. 進入醫療機構和藥局，仍需配戴口罩。(開放型藥局除外)
2. 與Covid-19確診者、疑似症狀者密切接觸，建議配戴口罩。
3. 身處於擁擠、密閉、換氣不良的空間時，建議配戴口罩。
4. 有需要時仍可自主配戴口罩。

入境韓國前一定要做的事

依照韓國官方發布的資訊，目前中華民國的護照持有人，從台灣直接前往韓國，入境時免確認施打疫苗、免PCR、免隔離。從2023年1月2日零時起，旅客不論國籍，搭乘從中國、香港、澳門出發的航班，或7日內曾經到訪中國後再入境韓國，須遵守相關PCR檢疫規定。

注意事項：

1. 使用C-3-9觀光簽證入境韓國，還是需要填寫小張入境卡。
2. 各國護照持有者的入境規定可能有異，請詢問駐地的韓國使領館或代表部。
3. 韓國入出境的相關規定，有滾動調整的可能，出發前請務必再次確認。

申請「K-ETA」電子旅行許可

為慶祝韓國旅遊年，從2023年4月1日～2024年12月31日，台灣護照的持有人去韓國短期旅遊，不需要申請K-ETA(包含22個國家，已申請者不退款)。

韓國在疫情之後，對於可免簽證、以短期停留(90天內)為目的，入境韓國的旅客(含台灣)，實行電子旅行許可「K-ETA」的報備制度，申請一次有兩年的效期，期間內可多次短期(單次90天內)進出韓國。再次入境韓國之前，需至K-ETA官網變更在韓地址。

韓國K-ETA申辦須知：

1. **本身未持有其他可入境韓國的簽證：** 若已取得其他入境韓國的合法簽證，如：觀光、就業、求學、結婚等，就不用再申請K-ETA。
2. **官方提醒至少在登機前72小時完成申請：** 實務上申請後，多數人大約30分

鐘～1小時就可以收到核准通知，但還是建議提早申請為佳。

3. **申請K-ETA許可單次有效期限爲兩年**：以K-ETA入境，不用填小張入境卡，單次停留期限為90天。若入境目的變更，例：從純觀光改為工作／就學，須再申請相關的合法簽證。

4. **無需特別印出實體紙本文件**：確定申請K-ETA成功，韓國的入出境系統上就有紀錄資料，但建議留存手機截圖備用。

5. **申請K-ETA費用爲10,300韓幣(含手續費)**：若系統顯示的付款金額差異太大，請留意是否為代辦或是詐騙網站。

韓國K-ETA官網　　　　申請步驟參考
www.k-eta.go.kr (韓、英)　helena.tw/k-eta

注意：請務必確認進入的K-ETA網址是否正確，韓國政府機關網域皆為「go.kr」。

填寫「Q-CODE」入境檢疫資訊預填系統

隨著Covid-19、猴痘的疫情趨向穩定，自2023年7月15日零時起，解除來自大部分國家地區(包含台灣)，到訪韓國的旅客提交「Q-CODE」(入境檢疫資訊預填系統)的義務，只要於入境韓國時，經過簡單的發熱檢查、確認是否有相關症狀後，即可快速地入境韓國。

但若是來自於「新指定檢疫管理地區」的旅客，於入境韓國之前，仍須填寫提交「Q-CODE」，或是紙本的健康狀態調查，其他詳細規定，請詢問駐地的韓國使領館或代表部。

🌐 韓國Q-CODE官網：
cov19ent.kdca.go.kr (有簡中介面)

入出境韓國流程

韓國各機場的流程可能略有細部差異，但大致上相同。

入境：

1. 下機後通過檢疫區、測量體溫。
2. 在證照查驗區，將護照交給海關，並拍大頭照、按食指指紋留存。
3. 拿行李、出管制區：從2023年5月1日起，若沒有攜帶須申報的物品，免除填寫提交海關申報單，直接由「無海關申報通道」入境即可，但若有須申報的物品，仍須填寫長條的海關申報單，可參考本書P.16。

出境：

出境流程與疫情之前已無特別相異之處，快速通關也已經開放使用。最大的差別可能是，因旅客人數還未達一定程度，若有需要退稅，可能無法在機場直接領取現金，而是要先在海關櫃台或辦公室蓋退稅章，之後把退稅單據投放至指定位置的箱子，等候退稅至信用卡內。退稅單需填寫的相關資料，可參考本書P.17。

作者序

去大邱玩，不再只是玩遍大邱，
也能把大邱作爲起點，前進其他城市
來拓展視野，豐富自己的旅遊經歷！

　　繼2016年、為了寫《搭地鐵玩遍大邱》初版，在大邱住了幾個月，疫情之後的2023年，我再度踏上偽大邱住民的3個月旅程。到底是有何原因，會那麼喜歡住在大邱呢？

　　「有韓國風味，但也有自成一格的特色」，這是我在初版的時候，對大邱這個城市所下的註解，隨著遊韓國的時間累積，更是深刻地感受到，大邱是個步調悠閒的慢活城市，但旅遊生活機能也非常親民，位在市區、來往交通很方便的大邱機場，或是類三鐵共構的東大邱站，在不想搬行李換住宿、想要節省時間體力的情況下，也讓大邱之旅有著無限延伸的可能。

　　無論是搭乘簡單易懂的地鐵，路線豐富的市內公車遊逛，只想在市中心吃喝玩買，或是想要前進郊區的深度之旅，以價位實惠的計程車或City Tour觀光巴士，如此也能輕鬆達成，此外還能搭配便捷快速的高速鐵路、長途巴士，方便地前進韓國其他城市順遊，例如：韓國最東邊的海港城市——浦項，不是只有鋼鐵廠，也不是美食沙漠，而是住在不靠海地區的大邱人，想去逛海鮮市場、吃海味版韓定食的首選，或是千年古都、沒有屋頂的博物館——慶州，世界文化遺產——安東河回村等，都能讓你的韓遊之旅滿載而歸！

韓國全圖

　　《搭地鐵玩遍大邱》修訂三版，能在有限的時間裡，完成再版目標並順利問世，要感謝多位好朋友的大力支持與協助，從初版開始一直幫助我的李老師、惠玎姐姐，也要謝謝陪我跑景點餐廳，協助當小幫手的白寶、子銘、保盛歐巴、世超、坤和、규식씨、나영씨，以及幾位陪吃飯、不願具名的朋友們，也要謝謝陪我一路走來，給予我許多實際協助的朋友：小呆姐&姐夫、王同學，以上若有疏漏懇請見諒。

此外很照顧我的總編芳玲姐，還有盡心的修訂編輯黃琦、美編忠哥，和一路支持鼓勵我的讀者，你們對我的關愛，點滴我都牢記在心！

Helena (海蓮娜)

8

關於作者　**Helena (海蓮娜)**

　　喜歡走訪韓國的大小城市，深入體驗當地生活、品嘗美食和結交朋友，熱愛旅遊文章創作，以及替大家解答韓國旅遊的疑難雜症，旅程中也常會貼即時照片訊息，和網友分享韓國的現場連線。現職為SOHO族文字工作者，秉持著實事求是的精神，著有《搭地鐵玩遍釜山(附慶州、昌原、馬山、鎮海、河東、全州、井邑)》、《搭地鐵玩遍大邱(附浦項、慶州、安東、海印寺)》、《首爾旅行家：跟著海蓮娜直闖經典玩樂動線》、《遊韓國行程規劃指南》(太雅出版社)、《韓食點餐完全圖解》(城邦創意市集)等旅遊書。

個人經歷：
■韓國慶尚北道名譽宣傳大使(경상북도 명예 홍보대사)
■韓國大邱市觀光名譽宣傳委員(대구시 관광명예홍보위원)

個人網站：
■關鍵字搜尋「Helena.海蓮娜的韓國大世界」
■粉絲團：www.facebook.com/Helena.KoreaWorld
■部落格：helena.tw

Facebook社團：
■韓國釜山·自助旅行吃喝玩樂報馬仔
　(含大邱、慶州、鎮海、統營、慶尚南&北道)
■韓國首爾·自助旅行吃喝玩樂報馬仔
　(含京畿、仁川、江原、忠清、全羅、濟州島)

感謝採訪協助(취재협조)：
■大邱市文化體育觀光局(대구시문화체육관광국)
■大邱市觀光協會(대구시관광협회)
■大邱市觀光情報中心(대구시관광정보센터)
■大邱市駐台觀光推廣辦事處(타이베이 대구관광홍보사무소)
■慶尚北道文化觀光公社(경상북도문화관광공사)
■浦項迎日灣觀光特區協議會(포항영일만관광특구협의회)
■韓國炸雞啤酒產業協會(한국치맥산업협회)
■大邱炸雞啤酒節，形象圖提供／封面右上、內頁
　韓國國立慶北大學
　藝術學院 設計系 이경용(李京勇)教授
　www.designstudioy.com

Daegu

目錄

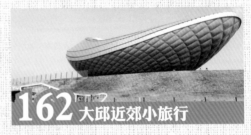

180 浦項

194 慶州

212 安東

全書地圖目錄

如何使用本書

本書希望讓讀者能在行前充分的準備，了解當地的生活文化、基本資訊，以及自行規畫旅遊行程，從賞美景、嘗美食、買特產，還能住得舒適，擁有一趟最深度、最優質、最精采的自助旅行。書中規畫簡介如下：

地圖資訊符號

$ 金額	http 網址	旅館飯店
✉ 地址	@ 電子信箱	購物商店
☎ 電話	FAX 傳真	餐廳美食
⏱ 時間	休 休息時間	觀光景點
MAP 地圖位置	ℹ 資訊	SPA按摩
➡ 前往方式	⁉ 注意事項	1 地鐵站出口

◀ 邊欄索引
顯示各單元主題、地鐵路線的顏色、站名，讓你一目了然。

▲ 地鐵路線簡圖
不僅有前一站、下一站的相對位置，還包含路線代號編碼、前往地區方向及轉乘路線資訊，輕鬆掌握你的地鐵動線。

▲ 大邱達人3大推薦
從遊客必訪、作者最愛、在地人推薦等3個角度，推選出必遊必玩之處。

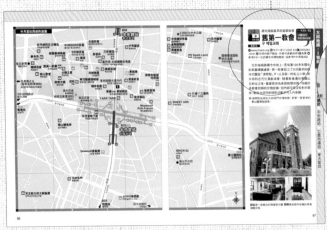

▲ 地鐵站周邊街道圖
將該站景點、購物、美食的地點位置全都標示在地圖上。

▲ 主題景點與購物美食
以遊賞去處、購物血拼、特色美食，3大主題引領你進入大邱這個城市。

▲ DATA
提供詳盡網址、地址、電話、營業時間、價錢、前往方式等資訊。

邀賞去處
購物血拼
特色美食
旅館住宿
SPA按摩

臺灣太雅出版
編輯室提醒

太雅旅遊書提供地圖，讓旅行更便利

地圖採兩種形式：紙本地圖或電子地圖，若是提供紙本地圖，會直接繪製在書上，並無另附電子地圖；若採用電子地圖，則將書中介紹的景點、店家、餐廳、飯店，標示於Google Map，並提供地圖 QR code 供讀者快速掃描、確認位置，還可結合手機上路線規畫、導航功能，安心前往目的地。

提醒您，若使用本書提供的電子地圖，出發前請先下載成離線地圖，或事先印出，避免旅途中發生網路不穩定或無網路狀態。

出發前，請記得利用書上提供的通訊方式再一次確認

每一個城市都是有生命的，會隨著時間不斷成長，「改變」於是成為不可避免的常態，雖然本書的作者與編輯已經盡力，讓書中呈現最新的資訊，但是，仍請讀者利用作者提供的通訊方式，再次確認相關訊息。因應流行性傳染病疫情，商家可能歇業或調整營業時間，出發前請先行確認。

資訊不代表對服務品質的背書

本書作者所提供的飯店、餐廳、商店等等資訊，是作者個人經歷或採訪獲得的資訊，本書作者盡力介紹有特色與價值的旅遊資訊，但是過去有讀者因為店家或機構服務態度不佳，而產生對作者的誤解。敝社申明，

「服務」是一種「人為」，作者無法為所有服務生或任何機構的職員背書他們的品行，甚或是費用與服務內容也會隨時間調動，所以，因時因地因人，可能會與作者的體會不同，這也是旅行的特質。

新版與舊版

太雅旅遊書中銷售穩定的書籍，會不斷修訂再版，修訂時，還區隔紙本與網路資訊的特性，在知識性、消費性、實用性、體驗性做不同比例的調整，太雅編輯部會不斷更新我們的策略，並在此園地說明。您也可以追蹤太雅 IG 跟上我們改變的腳步。

🅾 taiya.travel.club

票價震盪現象

越受歡迎的觀光城市，參觀門票和交通票券的價格，越容易調漲，特別 Covid-19 疫情後全球通膨影響，若出現跟書中的價格有落差，請以平常心接受。

謝謝眾多讀者的來信

過去太雅旅遊書，透過非常多讀者的來信，得知更多的資訊，甚至幫忙修訂，非常感謝大家的熱心與愛好旅遊的熱情。歡迎讀者將所知道的變動訊息，善用我們的「線上回函」或直接寄到 taiya@morningstar.com.tw，讓華文旅遊者在世界成為彼此的幫助。

大邱
旅遊黃頁簿

前往與抵達

簽證、飛行時間

　台灣護照(效期6個月以上)可90天免簽證在韓國旅遊;飛行時間約2小時,建議攜帶電子機票(截圖或紙本)備用。 (參考P.6,先申請K-EAT)

匯兌

　約1新台幣:40韓圜(₩),建議出發前上網查詢最新匯率。匯率好壞由高到低排序大約是:韓國民間換錢所→韓國機場、市區銀行→台灣的銀行。相關介紹:

＊大邱的換錢所:可參考P.30

＊市區銀行:於銀行以外幣兌換韓幣,請攜帶護照前往,韓國銀行的營業時間為週一～五09:00～16:00。

旅遊社團

　台灣最大的Facebook釜山旅遊社團「韓國釜山.自助旅行吃喝玩樂報馬仔」(含大邱),看社員回報的最新換錢所匯率,值得參考。

台灣銀行

　網站上可查詢匯率(現金、賣出),含歷史資料。

關鍵字搜尋:台灣銀行牌告匯率

大邱國際機場 대구국제공항

簡稱大邱機場，國際、國內線(前往濟州、仁川)共用航廈，機場面積不大、中文指標清楚，入境通常約30～60分鐘，出境依航空公司報到時間即可，但須注意地鐵137峨洋橋站和機場之間，上下班容易塞車，請預留充裕時間。

1樓為入境、到達出口和報到櫃台，2樓為出境、出發的入口，出入口國際、國內線分開(有中文可區分)，因管制區候機室較小，依入口人員指示再進入。行李轉盤旁無換匯櫃台，大廳的大邱銀行，營業時間為有出境班機的起飛前2小時開始，建議在台灣先換些韓幣備用。

大邱國際機場
🌐 www.airport.co.kr/daegu/main.do(多國語言)
🗺 封面裡

■ 韓國國內航空公司

大韓航空	kr.koreanair.com
韓亞航空	flyasiana.com
t-way航空	www.twayair.com
濟州航空	www.jejuair.net
釜山航空	www.airbusan.com
JIN航空	www.jinair.com

入境(입국)

入境韓國要繳交「入境卡」和「海關申報單」(註)，表格都有中文版，通常在飛機上會發放，或是繳交處附近可以拿取填寫。

下機後會先到證照查驗處，將「護照」和「入境卡」交給海關，留下臉部影像和雙手食指指紋(受傷可換)，之後經過簡易安檢區到行李轉盤拿行李。要出管制區前，將「海關申報單」交給工作人員即可。

「入境卡」和「海關申報單」表格填寫範例可參照下頁，個人資料以護照上的為準，其餘依照實際情況填寫即可。

註：請參考P.16最下方，部分情況已可以不用填寫海關申報單。

出境(출국)

建議在飛機起飛前約2小時到達機場辦理手續，韓國的機場出境安檢嚴謹，例如要脫外套和靴子、筆電要拿出來單獨過掃描等等，但海關態度都算和善有禮，依引導通過安檢處

旅遊小秘方!

■ **E-mail存資料、旅費分開放**：將護照、身分證掃描，和信用卡掛失電話等資料存在E-mail裡，上網即可確認；隨身備用大頭照，將財物分開放，以免全部掉光沒錢用。

■ **幫託運行李拍張照**：在搭飛機、託運行李前，用3C產品替行李拍張照，萬一行李遺失，可提供給相關單位，作為尋找的依據。

■ **把景點名稱放大**：韓國長輩通常熱心幫助外國遊客，但旅遊資料的字太小是個困擾，建議將韓文字放大抄寫下來，或是用手機平板拍起來放大，如此會更方便。

即可；機場內餐飲和免稅店不多，建議先在市區購買。

大邱是韓國紡織工業的代表城市，為紀念機場完工，航廈前放置了以紡織線軸、線團為主題的大型雕塑作品(右)，藉以代表大邱成為時裝城市的理想，以及未來的永續發展。

韓國「入境卡」與「海關申報單」填寫範例

■入境卡

ARRIVAL CARD ※ Please fill out in Korean or English.
入境卡(外国人用) ※ 請填寫韓文或英文。

Family Name / 姓 英文姓氏	Given Name / 名 英文名字	□ Male / 男 □ Female / 女 性別勾選
Nationality / 国籍 TAIWAN	Date of Birth / 出生日期 生日(西元年/月/日)	Occupation / 职业 職業

Address in Korea / 在韓地址　　(☎:　　　電話　　)
在韓國的住宿地址(填英文即可)

※ 'Address in Korea' should be filled out in detail. (See the back side)
※ 必须填寫'在韓地址'.(參考后面)

Purpose of visit / 入境目的 入境目的勾選 □ Tour 观光　□ Visit 访问 □ Business 商务　□ Employment 就业 □ Others 其他	Signature / 签名 簽名(同護照)

＊若以K-ETA入境韓國，無需填寫入境卡，請參考P.6說明。
＊入境卡有新版，填寫資料與舊版差不多，新舊版本皆可使用。

■海關申報單

填寫所攜帶入境的物品內容，有中文版(簡體字)，同行家屬可以共同填寫一張，申報內容不實，一經查獲會加重處罰。請勿攜帶槍砲刀械、放射性物質、走私貨品或毒物等違法物品入境，須檢疫物品請主動向海關人員申報，避免觸犯法律；一般物品可免稅的攜帶範圍(未滿19歲者不允許菸酒免稅)：

❶酒類1瓶(容量在1L以下、且價值未超過400美元)
❷香菸200支
❸香水60ml
❹總價值在600美元以下的個人用品和禮品(農林畜水產品和中藥材除外)

海關申報單有新版，填寫資料與舊版差不多，新舊版本皆可使用。

＊從2023年5月1日起，入境韓國時，沒有攜帶須申報的物品，可免填海關申報單。若有攜帶須申報的物品，還是要填寫該單據。

■機場聯外交通

目前大邱機場的機場巴士，以連接周邊的龜尾市為主，機場距離大邱市區不遠，可搭計程車、公車或地鐵來往。

■市內公車、地鐵

走出機場前停車場、過馬路(按斑馬線旁的紅綠燈號誌鈕)到左斜對面，可搭公車：急行1(급행1)、101、401前往地鐵137峨洋橋站轉地鐵，車程約8～10分鐘，此3班公車亦可直接前往地鐵131中央路站、東城路商圈周邊，車程約30～40分鐘。

■計程車

大邱機場距離市中心不遠，為節省時間和搬運行李的體力，建議可搭計程車來往。

來往地區	時間	費用
東大邱站	12分鐘	5,700₩
大邱站	22分鐘	9,000₩
半月堂站	27分鐘	10,800₩
中央路站	23分鐘	9,100₩

實際情況以當日現場為準。
製表：Helena(海蓮娜)

購物退稅

在韓國停留6個月以內的外國遊客，於可退稅商店，單日單店或單一專櫃，購買含稅商品3萬₩以上，向店家索取退稅單據(開頭有TAX FREE字樣，非一般收據)，購物後3個月內出境，於出境時攜帶「退稅單據」、「購物收據」和「購買的物品」(未拆封、未使用)在海關櫃台蓋退稅章後，可取得退稅款。韓國正陸續導入現場即時退稅，部分商家可於結帳時直接扣除退稅金額。

韓國的退稅系統

韓國以藍標和橘標兩家退稅公司為主，部分城市有市區退稅據點，另有其他退稅公司(只退韓幣)。目前正在導入購物現場直接退稅，此部分資訊異動較頻繁，請以實際情況為準。

Global Blue	GLOBAL TAX FREE
Global Blue TAX FREE	GLOBAL TAX FREE
可退韓圜／美元／日圓	只退韓圜

大邱機場退稅 Step by Step

(大邱機場退稅，目前改為填資料退到信用卡內，相關規定依現場公告為準)

目前大邱機場退稅，改為填資料退到信用卡內。「橘標」退稅單另可於地鐵130／230半月堂站18號出口，旁邊的現代百貨8樓顧客服務中心，以機器(有中文介面)辦理取得退稅現金(要以信用卡擔保)，離境前須將填好資料的單據給海關蓋章後，投放入大邱海關辦公室裡的指定箱子，若無繳回單據，預退金額會從信用卡裡扣回。

STEP 1 向店家索取退稅單據

| 購物收據 | 退稅單據 | 退稅信封 |

STEP 2 海關辦公室蓋退稅章&投退稅單

在前往機場報到櫃台、辦理登機手續與託運行李之前，須先在海關辦公室蓋退稅章，然後將退稅單據投放入指定的箱子裡。大邱海關辦公室的位置，在面對報到櫃台，右後方往機場飯店通道方向、便利商店的對面。

旅遊小祕方！

退稅相關用字

護照資料
護照號碼／Passport No
姓名／Name
國籍／Nationality
居住國家／Country

退稅資料
地址／Home Address

聯絡電話／Telephone
簽名／Customer Signature
日期／Date

退稅方式
現金／Cash Refund
信用卡／Credit Card
銀行支票／Bank Cheque

金海機場(釜山)
退稅 Step by Step

STEP 1 索取退稅單據

請向購物的店家索取退稅單據，前往購物時建議攜帶護照。(若要退稅，不能使用自助結帳機，一定要以人工結帳。)

STEP 2 蓋海關退稅章

在出境大廳B26號櫃檯旁的海關申報櫃檯蓋退稅章。

STEP 3 領取退稅款

前往報到櫃檯辦理登機手續、託運行李，進入出境管制區後往右邊，前往退稅服務櫃檯，出示退稅單據和護照領取退稅款。

市內交通

地鐵(지하철)
交通卡(교통카드)

詳見本書大邱地鐵快易通、交通卡的介紹。

公車(시내버스)

韓文稱「市內巴士」，就是台灣的公車，分一般和急行(紅色)，外觀和車內播音多為韓、英文，並有各站簡中站名字幕。從前門投錢或刷交通卡上車，若要用轉乘優惠(一人一交通卡)，後門下車時要再刷一次交通卡。公車上有找錢機，但仍建議使用交通卡，或準備小額(千元以下)紙鈔銅板。大邱的公車不可攜帶杯裝飲料搭乘，請留意與配合。

大邱的公車站牌

■一般公車車費表

種類	一般(19歲以上)	青少年(13~18歲)	小孩(6~12歲)
交通卡	1,250₩	850₩	400₩
現金	1,400₩	1,000₩	500₩

■急行公車車費表

種類	一般(19歲以上)	青少年(13~18歲)	小孩(6~12歲)
交通卡	1,650₩	1,100₩	650₩
現金	1,800₩	1,300₩	800₩

計程車(택시)

一般計程車(銀色、白色)起跳為4,000₩/2km(夜間加成20%)，模範計程車(黑色)起跳為5,500₩/3km(無夜間加成)，若有相關過路費由乘客負擔。計程車可在路邊或定點排班處搭乘，亦可參考本書P.26，使用手機APP自助叫車。遇到拉客、拒載、超收費用等情況，請記下車號，與觀光案內所或1330觀光服務專線聯絡。

一般計程車

大邱的一般公車

觀光巴士

大邱各區目前運行3種觀光巴士，無論市區內快速遊覽，或是前往八公山、達城郡等較遠的主題路線區域，也能用優惠價格和便利簡單的方式，來參觀欣賞大邱的不同景色。

- 🅜 www.daegutravel.or.kr
- ✉ 大邱市內各觀光案內所
- ⓘ 因氣候不佳或實際交通情況影響，發車和路線可能會有所調整

大邱City Tour
(대구 시티투어)

分市中心循環和主題路線2種，持當日車票可享部分景點門票優惠。循環路線：可於各站自由上下車、無限次數搭乘。主題路線：每日路線不同，隨車路線參觀，景點門票、餐費需自付，建議可以提早預約。

- 📞 (053)627-8900
- ⏰ 循環路線09:00～17:50，每60分鐘循環一次，週一、春節和中秋當天休息；主題路線依各線時間而異
- 💲 大人10,000₩、學生8,000₩、小孩6,000₩(在車上向駕駛購票)
- ⓘ 主題路線預約、乘車位置可詢問大邱各觀光案內所

達城觀光巴士
(달성 관광투어 버스)

大邱郊區的達城郡，遠離市區、空氣清新，還能體驗市內少有的在地鄉土文化，但有些景點交通不方便，一般外國遊客較難前往，或是需要花費較多時間，推薦搭乘該區專門的觀光巴士，以更為便捷的方式，遊覽世界文化遺產——道東書院等景點。

- ⓘ 達城觀光巴士詳細介紹，請參考本書P.32

壽城觀光巴士
(수성투어 버스)

以大邱壽城池、德安路美食街為中心繞行的觀光巴士，每車一般座位12個，單趟全程約40分鐘，中途每站上下車或不下車繞一圈都可以，一位大人可免費攜帶一名48個月以下的幼兒搭乘。

- http 下載手機APP「Daegu trip」可查詢路線
- ⏰ 11:00～19:00(每天7回)
- 休 每週一、中秋、元旦當天
- 💲 每天500₩(可刷T-money交通卡)

聯外交通

大邱是韓國東南部的重要轉運城市，各種來往交通便利，亦可從韓國其他城市前往旅遊，此處介紹一般遊客較常使用的車站。

巴士(버스)

韓國分高速、市外巴士，通常前者行駛距離較遠、座位較寬，後者串聯周邊地區、座位一般，但亦有可能混搭行駛，車程超過2～3小時以上，中間會在休息區停靠15分鐘。高速巴士為全國連線，可在網站上查詢班次資訊，但一般外國遊客目前不能網路預購車票；市外巴士則為各站獨立營運、單獨售票。查詢高速／市外巴士班次相關，可參考本書P.21。

東大邱綜合換乘中心
(동대구복합환승센터)

大邱最大、最主要的綜合巴士站，和高鐵火車站、地鐵站連通，包含高速、市外巴士，可來往全韓國多個城市地區，站內各種餐飲店家選擇豐富，站體範圍大，建議預留時間購票乘車。計程車要在巴士站1樓外轉搭，其他如：觀光巴士、往八公山方向公車的乘車處，請參考東大邱站說明。巴士站各樓層資訊請參考下頁：
- 🅜 P.133／C2

東大邱綜合換乘中心外觀

東大邱火車站　新世界百貨
地鐵東大邱站　東大邱綜合巴士站

1樓：巴士下車處、計程車搭乘處
3樓：巴士售票窗口和搭乘處(往仁川機場、金海機場❶、慶尚道以外其他地區)
4樓：巴士搭乘處(往慶尚道方向，如：釜山、安東、慶州、浦項、鎮海❷)

❶ 東大邱來往釜山「金海機場」，車程約70分鐘、車費11,100₩(優等)
❷ 東大邱來往賞櫻勝地「鎮海」(經馬山)，車程約2小時、車費約11,400～14,900₩

巴士站內的位置導引標示

地鐵搭乘處
售票窗口　　廁所　　東大邱火車站
巴士搭乘處

地鐵東大邱站內標示

2號出口往綜合巴士站、新世界百貨
3號出口往火車、高鐵站

■ 大邱西部巴士站
(대구서부정류장)

　　位在地鐵123西部巴士站3號出口旁，主要為市外巴士路線，可前往知名賞楓景點海印寺，亦有來往釜山、慶州、安東的車班，其他路線以韓國東南、西南部城市為主。

大邱西部巴士站

大邱西部巴士站周邊街道圖

E-world
이월드
83塔
83타워

頭流公園　大邱文化藝術會館
두류공원　대구문화예술회관

聖堂池
성당못

123
西部巴士站
서부정류장

124
大明站
대명역

YAJA飯店
호텔야자

1號線

1　3　西部巴士站
2　　서부정류장

關門市場
관문시장

122
松峴站
송현역

旅遊小祕方！

豪華巴士「프리미엄」(premium)

韓國近年新增的巴士車型，每排為類似飛機商務艙的2+1座位，整體空間寬敞，躺下(含抬腿)幅度極大，在不影響後座乘客的情況下，可以全程躺著睡往目的地。每個座位之間都有遮擋拉簾，以及個人的USB充電插座、折疊小桌子和電視螢幕(耳機需自備)，大為提升乘車舒適度。

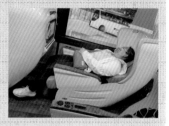

旅遊小祕方！

網路查詢「巴士」班次資訊解析介紹

高速巴士為全國聯營，有網站可查詢班次資訊，但目前一般外國遊客無法網購車票。市外巴士為各站獨立營運，近年陸續整合資料，有兩個網站可查詢班次資訊，建議兩者都查、交互確認，並且到當地後再次向車站確認為佳。

韓國的網站，只要跟「地名」有關的部分，下拉選單多是用相同的區分方式，將「特別市」、「廣域市」、各「道」分級列出來，其他城市再從「道」來選擇：

- **特別市**：首爾、世宗
- **廣域市**：釜山、大邱、大田、蔚山、光州、仁川

「道」級區域＆市、郡(僅列舉部分)：

- **慶尚南道**：昌原、馬山、鎮海／**慶尚北道**：慶州、安東、浦項
- **全羅南道**：木浦、順天、麗水／**全羅北道**：全州、井邑、南原
- **忠清南道**：天安、公州、扶餘／**忠清北道**：清州、忠州、永同
- **京畿道**：水原、龍仁、加平
- **江原道**：江陵、束草、平昌
- **濟州道**：濟州市、西歸浦

全國高速巴士 http www.kobus.co.kr (韓、中、英、日)
市外巴士查詢「BusTago」 http www.bustago.or.kr (韓、中、英、日)
市外巴士查詢「T-money」 http txbus.t-money.co.kr (韓、中、英、日)

火車、高鐵KTX

大邱是韓國的交通轉運中心，來往各地的鐵路路線、班次密集，火車最常見的是無窮花號，高鐵則是有「KTX」、「SRT」(座位較寬、票價較低)兩個系統。除SRT的車次，其他各級列車的班次資訊、預購車票，皆可透過鐵道公社的中文版網頁、手機APP查詢處理。SRT系統另有獨立網站，但網路購票需有韓國手機號碼。搭乘韓國火車，入出站不驗票，若未購票就乘車，補票時須加收50%票價。

http 韓國鐵路公社查詢、預約：www.letskorail.com(多國語言)

東大邱站
(동대구／Dongdaegu)

圓弧形外觀建物，大邱最主要的火車、高鐵KTX、SRT站，站內中文標示清楚，大廳2號出口外有觀光案內所，站內有寄物櫃和各式餐廳商店，附近是餐廳和旅館聚集地，和東大邱綜合換乘中心連通。

走出車站大廳，左轉可往地鐵135東大邱站，右轉往前走到橋上可搭計程車、City tour觀光巴士，右轉下樓到路邊再右轉直走一下，可搭急行1公車

東大邱火車站

往八公山方向，建議再和觀光案內所確認動線位置。

MAP P.133／C1

■大邱火車站
(대구／Daegu)

大邱的一般火車站，站內中文標示清楚，往東城路方向的站前廣場有觀光案內所，站內有寄物櫃，餐廳和商店略少，但連接地鐵132大邱站、樂天百貨，附近不遠處就是東城路鬧區商圈，亦可考慮由此站進出大邱。

MAP P.112／D1

和樂天百貨連接的大邱站外觀

│ 玩 │ 家 │ 筆 │ 記 │

高鐵/火車票的樣式

韓國高鐵／火車的車票，臨櫃購票是長條的感熱紙，較不易保存留念，若想拿到同信用卡大小的車票，可經由車站的自動售票機取得車票，系統有英文介面，但多數機器不能刷海外信用卡，需要以現金支付。

網路查詢、預訂火車高鐵票步驟
Step by Step

確定行程後，於搭乘日期前的1個月開始，可在網路預訂車票；若操作過程中頁面跳成英文版，於右上角重新選擇語言，即可切回中文介面。

STEP1 選擇中文介面

進入韓國鐵路公社的訂票網站www.letskorail.com，點右上角「LANGUAGE」，可切換中、英、日文等介面，這裡以中文版、「首爾→大邱」來做介紹。

切換至中文介面後，點選左上「**車票**」→「**車票預訂**」。

STEP2 查詢班次

點選要搭乘的班次資料，之後按網頁下方「**查詢**」：

列車分類：一般列車車票請選「通常」

列車種類：建議選擇「直通」即可，無需中間換乘

出發時間：可預訂1個月內的車票

出發、到達：Seoul(首爾)、Dongdaegu(東大邱)，點右邊放大鏡圖案，會跳出可選其他車站的視窗(有中文站名)

列車：首爾往東大邱的列車車種，KTX(高鐵)、新村號(Saemaeul)、無窮花號(Mugunghwa)

乘客：選擇Adult(大人)、Child(兒童)的搭乘人數

确认日程后，可以提前1个月购票	

行程区分	◉ 通常 ○ East Santa train　○ V-train　○ S-train　○ DMZ train　○ A-train　○ G-train
行程线路 (直达/换票)	◉ 直通　○ 换票
出发日	年度 2023 ∨　月 7 ∨　日 18 ∨　时间 0 ∨　Tue
出发/站到	Seoul 🔍 － Dongdaegu 🔍
列车种类	All ∨
乘客类型与人数	成人 1 ∨ (满13周岁) 儿童 ∨ (6周岁至12周岁)

查询 ＞

STEP 3 選擇車廂種類

選擇車廂種類，點對應班次的「選擇」，藍色字為有剩餘座位，灰色字為已售完；點最右邊FARE放大鏡圖案，可看票價資訊，按網頁下方「**NEXT**」可查看其他班次時間。

First class：豪華車廂

Economy class：普通車廂

- 如您欲換乘票，請在已查詢到的列車後，另點"選擇"。
- 請確認所選列車的全部停車站的停車時間後，點此"列車號"。
- 如要查看各班次列車的信息，請點此 🔍

☑KTX ☑ITX-新村號 ☑新村號 ☑無窮花號 ☑捷動 ☑Nuriro號 ☑ITX-青春 ☑橫境幹線

列車種類	列車號	列車	出發站	到達站	出發時間	到達時間	First class	Economy class	FARE
直接	101	KTX	Seoul	Dongdaegu	05:15	06:57	選擇	選擇	🔍
直接	401	KTX	Seoul	Dongdaegu	05:15	06:57	選擇	選擇	🔍
直接	103	KTX	Seoul	Dongdaegu	05:30	07:17	選擇	選擇	🔍
直接	403	KTX	Seoul	Dongdaegu	05:45	07:38	選擇	選擇	🔍
直接	801	KTX	Seoul	Dongdaegu	05:45	07:38	選擇	選擇	🔍
直接	105	KTX	Seoul	Dongdaegu	06:00	07:53	選擇	選擇	🔍
直接	107	KTX	Seoul	Dongdaegu	06:25	08:19	選擇	選擇	🔍
直接	109	KTX	Seoul	Dongdaegu	06:40	08:39	選擇	選擇	🔍
直接	601	KTX	Seoul	Dongdaegu	06:50	08:49	選擇	選擇	🔍
直接	111	KTX	Seoul	Dongdaegu	07:00	08:54	選擇	選擇	🔍

NEXT >

STEP 4 填寫個人資料

以實際取票人的護照資料為準，姓名欄位填護照上的英文姓名，之後勾選右下角同意，再按網頁下方「**NEXT**」。

网上预订

- 姓名或电子邮箱等栏位同无空格。
  [Caution] In case you provide incorrect personal info such as name or passportnumber and so on, You will be denied ticket exchanges.
- 请确认下面选择内容？ ☐ 是否
- 请确认是否正确输入个人信息后，点此"下一步"键。

姓名	姓名	性别
性别	● 男 ○ 女	
护照号		
国籍	select ▼	
电子邮箱		

= Items of Personal information collection

1. KORAIL collects minimum personal information below to provide ticket purchase and customer counseling services, etc.
   0 Items of collection: name, contact information, e-mail address, and passport number
   0 Purpose of collection: Identification for ticket reservation process and settlement of customer complaints, etc

2. The following information may be automatically generated and collected while using our service.
   0 IP address, cookies, service records, history of websites visited, etc

☐ I agree to Korail's Terms and Conditions and Privacy Policy

要勾選 👆

NEXT >

STEP 5 確認資料

確認個人資料、列車班次時間和價格，選擇信用卡別、填入卡號和有效期限，按網頁下方「**NEXT**」。

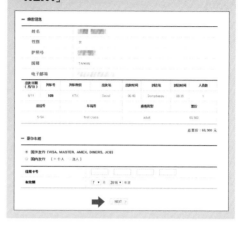

— 乘客信息							
姓名							
性別	女						
護照號							
國籍	TAIWAN						
電子郵箱							

乘車日期 (月/日)	列車號	列車種類	出發站	出發時間	到達站	到達時間	人員數
9/11	109	KTX	Seoul	06:40	Dongdaegu	08:39	1

座號	車廂號	乘車類型	數位
5-5A	first class	adult	60,900

總票價：68,900 元

— 乘車卡號

● 國外發行 (VISA, MASTER, AMEX, DINERS, JCB)
○ 國內發行 [个人卡] [法人]

信用卡号
有效期 7 ▼ 月 2016 ▼ 年度

NEXT >

STEP 6 刷卡成功、列印車票

刷卡成功、付款完畢後，可將頁面截圖存在手機裡，依規定要去火車站的售票窗口，列印出實體票才能搭車。

| 玩 | 家 | 筆 | 記 |

購票、退票實用資訊

■ **請務必先購票、再上車**：為防止逃票，搭乘韓國火車和高鐵時，若無票上車，於列車上補票時，需加收原票價的50%。

■ **列車出發前**：週一～四出發前3小時～出發前票價5%。週五和週末、假日：依不同退票時間400₩或票價的5～10%。列車出發後：只能在車站窗口辦理，依不同退票時間，收取票價的15～70%手續費。

■ **現場購票實用韓文**：

座位方向：順向(순방향)、逆向(역방향)

座位位置：靠窗戶(창쪽)、靠走道(통로쪽)

取消、補印預訂單步驟
Step by Step

STEP 1 進入訂票網站

進入韓國鐵路公社的訂票網站,切換至中文介面,點選左上「**車票**」→「**我的訂單**」。

STEP 2 填入相關個人資料

填入相關個人資料(參考訂票Step5),之後按下方「**查詢**」。

STEP 3 取消或補印

點選要補印預訂單或退訂的班次,之後按「打印」補印預訂單或按「取消」;如果是取消訂票,跳下一頁後再按一次「Cancel」即可完成取消。

KR PASS鐵路通票
(KORAIL通票、外國遊客專用)

KORAIL PASS是外國旅客專用的火車通票,從2017年8月1日起改版新制度、簡化購票流程,使用上將更為便利。外國旅客可於指定期間無限次數,搭乘由韓國鐵道公社經營的火車和高鐵KTX(指定席位每人每天限2張),乘車前可直接於網站購票,購票後30天內需指定使用日,並可在實際搭乘日30天前線上劃位,首次使用日前可更改日期一次,取消購票需支付手續費(已劃位或逾期不能取消),如需其他詳細資訊可參考官網。

🌐 www.letskorail.com(多國語言),右上角切換中文頁面→KORAIL通票→可查詢價格、詳細使用規範和線上預訂

❓不適用於SRT、電鐵、觀光列車

搭高鐵KTX玩韓國

韓國地形是山脈主要在中間,雖然南、北各地來往的鐵路交通很方便,但是東、西向城市之間,大多是以長途巴士為主,有些路線的車程時間較長,對於出國旅遊、時間珍貴的外國遊客來說,總會覺得有那麼點可惜,但若能善用短期外國遊客專屬的鐵路通票「KR PASS」,固定在釜山、大邱等地住宿,當天來回不同的城市旅遊,把高鐵KTX當地鐵搭乘的概念,如此既能節省搬行李移動的體力和時間,也可以享受乘車優惠,節省交通費用的支出。(韓國鐵路相關介紹請參考本書P.21。)

記得要把KR PASS列印出來喔　　韓國高鐵KTX車廂內部

旅遊小祕方!
善用五松站轉乘

「五松站」(오송역、Osong),是位於韓國中部、忠清北道清州市郊區的高鐵/火車站,亦是韓國鐵路東、西向的重要轉乘站。對於短期到韓國旅遊的外國人來說,以往通常不太會在五松站上下車,但若是要玩東、西向一日旅遊圈,例如:住在東邊的釜山、大邱,往西邊的全州韓屋村、井邑內藏山賞楓葉等,就可以搭高鐵KTX在五松站換乘,並搭配使用外國人專屬的KR PASS優惠,讓韓國之旅更為便捷順暢。

韓國的各火車站為全國聯營,可跨站處理車票,站內都有清楚的外語和圖片標示,不用太擔心轉乘的問題。

| 玩 | 家 | 筆 | 記 |

大邱來往其他城市的交通相關說明

韓國部分網站因「實名制」規定，須有韓國手機號碼認證才能預購票券，短期旅遊的外國遊客需至車站現場購票。但除了部分節假日或特殊情況路線，大多提早現場買票即可，或只要在網站上能查到班次，就可以到車站窗口預購車票。(查巴士班次可參考P.21「旅遊小祕方」)

疫情後的巴士相關調整

2023年3月起韓國解除室內外、搭乘大眾交通配戴口罩的義務，同時亦有但書如下：

■ 在大眾交通尖峰擁擠時段，於搭乘時建議配戴口罩。

■ 進入特殊場所，如：醫療機構和藥局等，仍需佩戴口罩。

■ 配戴口罩的防疫效果佳並仍有其必要性，呼籲民眾有需要時仍自主配戴口罩，將防疫守則生活化。

浦項←→大邱

浦項、大邱兩地位置相近，每天都有多班次高鐵、巴士來往兩地。高鐵每天來往約各16個班次，單程車費10,900₩、車程約35分鐘。市外巴士每天約06:40～22:00來往各64班次，每15～20分鐘一班車，搭乘車費8,600～11,000₩、車程約70分鐘。

慶州←→大邱

原慶州、佛國寺火車站廢站，需從較遠的新慶州站、西慶州站上下車，慶州的兩個巴士站離主要觀光區較近，且位置相近就在轉角隔壁，建議搭巴士來往。

疫情後東大邱來往慶州的路線整併，以市外巴士班次／網站查詢為主，但有少部分班次於高速巴士站讓客人下車。每天約07:00～22:00來往各42班次，每20～30分鐘一班車，單程車費8,000₩、車程約50～60分鐘。

安東←→大邱

兩地的鐵路路線不同，來往需搭乘高速巴士，每天約06:40～22:00來往各24班次，每25～75分鐘一班車，單程車費12,200～14,600₩、車程約100分鐘。

釜山←→大邱

「東大邱」站，鐵路、巴士、市區地鐵大致都在一起，來往交通非常方便，並且大邱來往釜山的各交通方式，票價和車程差異不大。此外，釜山的巴士站，離主要觀光區也是有點距離，因此不會最推薦搭巴士，而是也可以從釜山、釜田火車站來往。

此外，離大邱東城路商圈較近、可步行來往的「大邱」火車站，亦有少數來往釜山的車次。市巴士外：釜山海雲臺有來往東大邱，釜山沙上有來往大邱西部巴士站。

依照所選交通工具和班次不同，巴士車費約7,500₩起、車程約70～90分鐘，高鐵車費約12,000₩起、車程約40～70分鐘。

大邱←→韓國其他城市

大邱是韓國東南部重要的交通轉運中心，可透過火車／高鐵(P.21)或高速／市外巴士來往於韓國各城市，其中對外國遊客最方便的大多是以「東大邱」站為主，少數亦可參考「大邱」站的火車班次，西大邱相關的車站，因距離市區較遠，以在地人使用為主。

玩韓國實用APP

除了此處介紹的APP，用手機搜尋「韓國 地鐵」，亦可找到其他中文的旅遊APP，例如：「韓巢」的韓國地圖、地鐵圖，2023年全新改版支援GPS定位，並有「地鐵、計程車、步行」等路線指引，亦可參考相關旅遊資訊。

翻譯軟體Papago

韓國最大入口網站Naver推出的翻譯軟體，可使用輸入文字和拍照、上傳圖片等方式翻譯，韓文←→中文的精準度頗高，也可以其他語言相互翻譯，雖不能說百分之百準確，但很多韓國人出國旅遊，都使用Papago。另有附語音的「全球會話」單元，可用來學韓文。

Naver Map

韓國最大入口網站Naver的電子地圖，外語介面有簡中版，雖然有時地名翻譯略顯奇怪，或是中英夾雜，但大致上可以了解意思。可使用景點店家的電話來搜尋定位，並放進「收藏夾」內，到韓國時就能立刻線上定位、導航路徑。

kakao Map

kakao是韓國最大的即時通訊網，與第二大的入口網站Daum合併後所推出的電子地圖，雖然目前的外語介面僅有英文版，對中文語系的遊客來說較不方便，但若要以同一家系統的Kakao T線上呼叫計程車，使用kakao Map查詢後，複製地名設定目的地，較為方便。

Kakao T

只有韓文介面，清楚的圖示可搭配kakao Map使用，或直接用電話搜尋定位，還可追蹤行車路徑，遊客沒有韓國的手機號碼／信用卡也沒關係，還是可以利用手機APP叫車，車費依照跳錶計算，可在車上選擇付現或刷實體信用卡。

Uber

在韓國開啟為中文介面，但地圖會跳成韓文版，下車時以原本綁定的信用卡線上付款。缺點是不支援韓國電話號碼搜尋，雖然部分地點可用中文查找，但跳出資料還是韓文，部分地區配合車輛較少，且可能有駕駛因不熟悉Uber系統，下車時要跟乘客另外收費的情況。

| 玩 | 家 | 筆 | 記 |

利用手機APP玩韓國

隨著旅遊模式的轉變，只要善用手機APP，就算不會韓文，也能在多數大城市暢行遊走，但是提醒大家，韓國的交通和商家更新資訊，一定是以韓國的Naver Map和kakao Map為主，世界使用的Google Map，在韓國只建議當成輔助。(以下用有簡中版介面的Naver Map介紹)

Naver Map切換語言

STEP 1 下載手機APP「Naver Map」，點左上角「三」橫線圖案。

STEP2 點上排中間的齒輪圖案。

STEP3 選擇「언어」語言。

STEP4 即可切換語言版本。

自助找某店在哪裡的方法

　韓國店家大多會把電話寫在招牌上，只要店家有在韓國的電子地圖上維護資料，輸入電話就能找到店家位置，以大邱「通大通三」烤肉吃到飽為例：招牌電話「257-1112」，在韓國電子地圖上輸入「0532571112」即可，「053」是大邱區碼，或是韓國另一種電話「0507-XXXX-XXXX」，輸入時去掉橫槓，也可以找到店家的位置。

移動座標確認位置

　去到韓國打開電子地圖APP，地圖上的藍色游標，會隨著手機變換位置而跟著路線移動，可確認當下的所在位置。

線上導航公車、步行

STEP1 使用名稱或電話，找到要前往的地點，按右下角的「到達」。

STEP2 即可搜尋公車路線，計程車行車時間＆預估車費，或是步行、騎自行車前往的所需時間。

STEP3 點選所要搭乘的公車，放大畫面可看到公車站位置和移動路線，或步行、騎自行車亦可作為導航使用。

用電子地圖看美食菜單

STEP1 找到要前往的餐廳，點選「菜單」。

STEP2 若店家有維護資料，就能看到餐點照片當作參考。

日常生活資訊

🌐 大邱廣域市：www.daegu.go.kr
(多國語言)
🌐 韓國觀光公社：big5chinese.
visitkorea.or.kr(多國語言)

大邱簡史、地理位置

全名為大邱廣域市❶，是韓國第四大城，原以「大丘」為名，清朝時期為避忌孔子(孔丘)名諱而改為「大邱」。大邱位於朝鮮半島東南部嶺南❷地區，為四面環山的內陸盆地城市，琴湖江和韓國最長的洛東江在西部匯流，自古以來就是交通要地，朝鮮中期後慶尚監營❸遷到大邱，自此開始迅速發展，與漢陽(首爾舊稱)、平壤(位於北韓)成為朝鮮半島的三大城市，也是南部主要的商業中心。

大邱在日據光復後人口急速增長，曾是韓國第三大經濟都市，以紡織、塑膠、服裝加工業等為主，近年積極打造時裝產業，舉辦多彩豐富的各類活動，加上韓國最主要的鐵路京釜線和高鐵KTX都途經於此，並積極開拓大邱國際機場和各國間直航航班，期待成為東亞的新樞紐城市。

❶ 廣域市為韓國行政層級，在首爾特別市之下
❷ 慶尚北道聞慶市的鳥嶺，是古代京畿和東南地方分界，鳥「嶺」以「南」指的是慶尚南、北道
❸ 道級行政機構。「道」是朝鮮半島相當於「省」的行政層級

面積、人口、語言、宗教

大邱面積約883.6平方公里，約有249萬人，語言以韓語和慶尚道方言為主，居民大多信仰佛教、天主教、基督教。

天氣服裝、賞櫻賞楓

大邱屬亞熱帶季風的盆地氣候，是韓國最溫暖的地區，有著「大非」(大邱、非洲合成詞)的別稱。韓國早晚溫差偏大，冬季尤其明顯，室內外溫差過大，建議洋蔥式層層穿法，方便穿脫外也有較好保暖功效，春秋兩季外出時可攜帶薄外套備用。

韓國氣候乾燥，需多喝水和保溼，夏天適逢雨季，注意防曬和隨身攜帶雨具。大邱櫻花楓葉時間，和釜山較為接近，櫻花約為每年4月初開花，楓葉從10月底到11月初陸續變紅。

韓國氣象廳
🌐 web.kma.go.kr/chn

WEATHER UNDERGROUND
未來一週氣象、日出日落時間查詢
🌐 www.wunderground.com
輸入「Daegu」查詢

日出日落時刻表

以大邱中區、每月15日為大略基準，時間可能略有差異，建議可使用天氣網站查詢。

日期	日出	日落	日期	日出	日落
1 / 15	07:35	17:35	7 / 15	05:21	19:42
2 / 15	07:13	18:07	8 / 15	05:44	19:15
3 / 15	06:37	18:33	9 / 15	06:08	18:33
4 / 15	05:53	18:59	10 / 15	06:32	17:50
5 / 15	05:20	19:24	11 / 15	07:02	17:18
6 / 15	05:09	19:43	12 / 15	07:28	17:13

Google搜尋

Google首頁輸入「大邱 天氣」，即可查詢相關資訊。
🌐 www.google.com

時差、營業時間

韓國比台灣快1小時。公家單位上班時間09:00～18:00。營業時間：銀行週一～五09:00～16:00，商場店面以中午開始到22:00之間為主。

電壓

韓國電壓220伏特(V)，直徑4.7公厘圓柱形插座，可自動變壓100V～240V的電器和3C產品，有轉換插頭即可使用；轉換插頭建議自備為佳，台灣的大賣場、網拍通路和五金行等有販售。

轉換插頭 (변환 어댑터)

■ 貨幣

貨幣單位韓圓(₩)，紙鈔有5萬、1萬、5千和1千，常用硬幣有500、100、50和10等4種，本書所有金額皆以韓圓(₩)為單位。

■ 提領現金

在貼有跨國提款標誌的提款機，可使用台灣的金融卡提領韓幣，韓國提款機是使用磁條功能，出國前請先聯絡發卡銀行，確認是否開通跨國提款、取得4位數磁條密碼和了解相關手續費。

■ 消費方式

韓國多數店家可使用信用卡，部分規模較小的商家攤販除外，或是刷卡需外加手續費(수수료)。

■ 廁所(화장실)

大邱的地下街、各種車站和百貨公司等都可容易找到廁所，部分公廁並非每個馬桶旁都有衛生紙，而是在入口處附近集中設置，「來匆匆」之前，記得先看一下有無衛生紙喔！

■ 治安

大邱治安大致良好，但深夜在外仍有風險，需隨時注意隨身物品和自身安全。

旅遊小祕方！

購物索取收據

在韓國的商店消費，店家會用機器列印感熱紙的收據給消費者，部分店家會省略，若有報帳、記帳等需求，可以向店家索取。

請給我收據／영수증 주세요

■ 藥局(약국)

韓國的藥局感覺上和便利商店一樣多，韓國人也習慣在有輕微小病痛時先去藥局買藥來服用，旅遊時若有需要也可以先去詢問藥師喔！

韓國的藥局，外觀都會有「藥」(약)這個字，很容易辨識

■ 藥局實用韓文

發燒	열나다
感冒	감기
咳嗽	기침
頭痛	두통
牙痛	치통
腹瀉	설사
扭到腳	다리를 삐다
肌肉酸痛	근육통
燙傷	화상
頭暈	어지럽다
消化不良	소화불량
胃痛	위통
想吐	구역질 나다
嘔吐	구토
呼吸困難	호흡곤란
藥水	물약
藥膏	연고
止痛樂	진통제
暈車藥	멀미약
眼藥	안약
護腕	손목 보호대
生理食鹽水	생리 식염수
人工淚液	인공 눈물
貼布	파스
口罩	마스크
OK繃	일회용밴드
飯前	식전
飯後	식후
一天3次	하루에 세 번
一天2次	하루에 두 번

大邱物價

　　在韓國購物，韓系美妝品和服飾類會較便宜，餐飲價格比台灣高，以正餐來說，建議每餐基本預算5,000～10,000₩(約143～286元新台幣)，相較於韓國其他城市，大邱物價較為實惠。

■ 瓶裝茶飲1,000～2,000₩

■ 辣炒年糕4,000₩

■ 便利商店便當4,500～5,500₩

■ 各式咖啡3,500～6,500₩

■ 速食店套餐5,500～7,500₩

■ 韓式炸雞18,000₩

■ 杯裝泡麵1,000～2,000₩

■ 香蕉牛奶1,700₩

| 玩 | 家 | 筆 | 記 |

在大邱兌換韓幣
大邱目前僅有兩家一般換錢所，營業資訊如下：

大信換錢所(대신환전)
- ✉ 대구시 중구 국채보상로125길 6
- ☎ (053)431-6577
- 🕐 09:00～18:00
- ➡ 地鐵131中央路站3號出口，往回到路口左轉，再直走約6分鐘巷口左轉，再走一下的右側
- 🗺 P.113／E4

Money Box
(머니박스 대구지점)
- ✉ 대구 중구 동성로1길 16 101호
- ☎ (03)423-0888
- 🕐 09:00～20:00
- ➡ 參考P.173東橫INN大邱東城路店，在1樓斜對面
- 🗺 P.96／D2
- 註：換錢需帶護照，現場掃描資料頁。

觀光案內所

提供旅遊相關資訊，多設置在巴士站、火車站、機場或重要景點，服務時間多為09:00～18:00，特殊地點或活動會有所調整，通常會有通英文的人員，有時中、日文亦可。

觀光案內所位置
大邱機場：1樓大廳 +82-53-984-1994 09:00～19:00
東大邱站：車站大廳外 +82-53-939-0080 09:00～19:00
大邱站：前站外廣場 +82-53-660-1432 09:00～18:00
東城路：近東橫inn旅館 +82-53-252-2696 10:00～19:00
藥令市：博物館對面 +82-53-661-3324 09:00～18:00

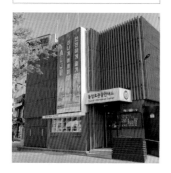

■韓國旅遊專線「1330」

提供24小時旅遊諮詢服務，跨區撥打為「區碼+1330」(夜間會轉回首爾接聽)，大邱區碼為53，不是各地都隨時有會中文的人員，特殊情況亦可聯絡首爾「02-1330」。

旅遊小秘方！

駐韓國辦事處

台灣外交部派駐在韓國的單位，設有24小時緊急求助電話，遇影響生命財產安全的緊急事件可撥打，**非緊急狀況切勿撥打。**

🌐 www.roc-taiwan.org/kr

首爾辦公室
📞 (02)6329-6000
🕐 週一～五09:00～11:30、13:30～15:30
緊急聯絡電話：
行動電話：010-9080-2761

釜山辦公室
🌐 www.roc-taiwan.org/krpus
✉ 부산시 중구 중앙대로 70 동원산업빌딩 9층
📞 (051)463-7965
🕐 週一～五09:00～11:30、13:30～14:30(下午預約制)
🚇 地鐵112中央站6號出口旁東遠產業大樓(동원산업빌딩)9樓
緊急聯絡電話：
行動電話：010-4537-7961

其他緊急聯絡電話
旅外國人急難救助專線：
001-800-0885-0885(直撥)
韓國觀光警察：
(02)700-6277(中文可)
緊急醫療：
1339、119(多種外語)
警局報案：112

通訊與上網

■ 撥打國際電話

台灣3G手機(以上)可在韓國使用，但國際漫遊費率頗高，建議用智慧型手機、平板電腦上網，撥打免費通訊軟體電話，例如LINE、Kakao Talk、Skype等。

■台灣直撥韓國

市話：002-82-區域號碼(去0)-電話號碼

手機：＋82-電話號碼(去0)

■韓國直撥台灣

市話：001-886-區域號碼(去0)-電話號碼

手機：＋886-電話號碼(去0)

■ 台灣門號行動上網

行動上網也是國際漫遊，費用較昂貴，建議出國前先辦理暫停，避免誤開而帳單金額過高，部分業者有短期國際漫遊卜網的優惠專案，詳情請洽詢各電信公司。

■台灣租機購卡

Wi-Go行動上網
🌐 wi-go.com.tw(讀者優惠代碼HELENA)

■韓國租機購卡

韓國SK電信
🌐 www.skroaming.com/cn_t/main.asp(有中文版)

韓國KT電信
🌐 roaming.kt.com(有中文版)

輕鬆前往交通不便的景點

達城觀光巴士
달성 관광투어 버스

大邱達城郡的專線觀光巴士，可就近從東大邱站、大邱站搭乘專車出發，省去等車找路的時間，輕鬆前往交通不便的各個景點參觀，例如：世界文化遺產—道東書院，擁有大自然風光的宋海公園、瑜伽寺、琵瑟山自然休養林，傳統農村—馬飛亭壁畫村(P.164)，玄風鬼怪傳統市場，以及復古的傳統餐廳客棧—沙門津酒幕村(P.166)，不僅可以參觀戶外風景，也能品嘗韓國傳統的大眾化飲食，在山間農家或洛東江的碼頭客棧裡，用黃銅酒碗喝著韓國傳統的馬格利濁米酒，更給人穿越的氣氛。車上都有隨車導遊，以及專業的文化解說老師隨車，隨時替大家服務。

- 🌐 www.chamflowertour.com
- 📞 (053)716-6405～6
- 🕐 5～11月(7、8月除外)。東大邱09:00出發，大邱站09:15，達城郡景點遊覽，大邱站17:40，東大邱18:00
- 💲 大人5,000₩、中學生4,000₩、小孩3,000₩，未滿48個月嬰幼兒免費
- ✉ 預約諮詢：daegutravel1@gmail.com(可以用中文諮詢)
- ❓ 1.搭乘費用不包含：體驗、用餐、入場券等個人消費。
  2.每年起迄月份、營運時間、行程內容可能不同，詳情請先諮詢負責單位。
  3.行車路線、回程時間因實際交通情況，而可能有所差異。
  4.外國遊客建議至少一週前透過mail預約，行程當天於車上付現金即可

隨車有專業導遊、文化解說老師各一名，不會只是走馬看花

世界文化遺產—道東書院

｜玩｜家｜筆｜記｜

世界文化遺產–道東書院

「書院」是古代個人興辦的私立學校。朝鮮時代末期，中央下達的書院撤廢令，在全國各地僅獲准保留47個書院，道東書院就是其中之一，2019年與其他8座書院以「韓國新儒學書院」的名稱，成為韓國第14個世界文化遺產。

朝鮮時代在學校的前面，大多種植著，有長壽、堅韌、沉著含義的銀杏樹，至今樹齡多有數百年之久，在大邱慶北大學博士班念書的朋友說，每年秋天都要來這裡，撿掉在地上的銀杏樹葉回去供奉膜拜，真的很靈驗，所以都能課業順利呢！

大邱和順遊城市行程規畫

大邱行程規畫

2天1夜(中午開始)

DAY 1 中午→西門市場→近代路市中心繁華區→地鐵半月堂站、中央路站周邊

DAY 2 早上→八公山纜車→金光石路→前山展望台

3天2夜(下午開始)

DAY 1 下午→地鐵半月堂站、中央路站周邊→西門市場夜市

DAY 2 早上→前山展望台→七星市場→文具玩具街→東村遊園地→峨洋鐵橋路

DAY 3 早上→西門市場→金光石路→壽城池周邊

近郊&周邊城市一日遊

大邱郊區的觀光巴士，或周邊城市浦項、慶州、安東等，皆可安排當天來回一日遊。

大邱多數景點所在的地鐵站，大多相距不遠、可相互串接安排。八公山、桐華寺公車車程較長，且假日旺季候車時間可能也較久，行程上建議預留緩衝時間。達城郡的景點，建議安排同一天前往，交通上可用公車、計程車、觀光巴士搭配。如果是從大邱前往其他城市旅行，建議詢問大邱的旅館民宿，是否可代為保管大行李箱，隨身只攜帶簡單行李，較為輕鬆方便。

八公山、桐華寺位置圖

搭地鐵玩遍
大邱

Daegu

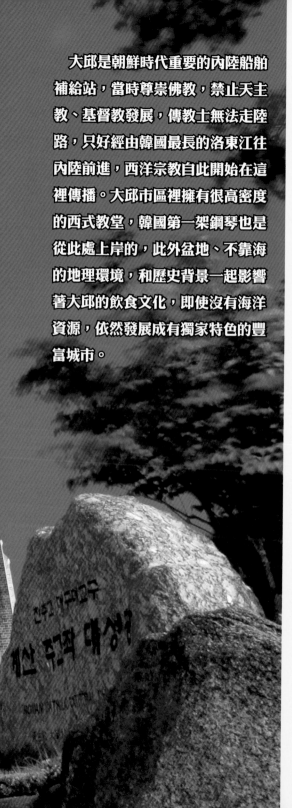

大邱是朝鮮時代重要的內陸船舶補給站，當時尊崇佛教，禁止天主教、基督教發展，傳教士無法走陸路，只好經由韓國最長的洛東江往內陸前進，西洋宗教自此開始在這裡傳播。大邱市區裡擁有很高密度的西式教堂，韓國第一架鋼琴也是從此處上岸的，此外盆地、不靠海的地理環境，和歷史背景一起影響著大邱的飲食文化，即使沒有海洋資源，依然發展成有獨家特色的豐富城市。

大邱7大印象

色彩豐富的
多元美景

大邱印象 1

見 P.146

遊賞去處

E-world、83塔
이월드、83타워

DATA

MAP P.145 / C2

　　從E-world遊樂園後的停車場旁，沿著好走的步道斜坡往上，一直到大邱地標83塔前，不用購買門票進遊樂園，也可以在春日裡欣賞櫻花的美麗景色，以及豐富多彩的藝術造景，充滿浪漫氛圍，是賞櫻時節大邱的人氣打卡熱點。

　　不只有春櫻秋楓才是美麗焦點，花卉銀杏、藍天綠地也能吸引目光。韓國有專門春天賞櫻、秋天賞楓的景點，但大邱最特別的是，有些地方可以融合春、秋的特色風景，此外，雖然地理位置不靠海，但貫穿大邱市區的琴湖江，以及沿岸的東村遊園地，在春秋兩季之間，蔚藍天空和翠綠草地樹木，也是休閒賞景的好去處。

　　每年4月初是大邱和周邊地區櫻花盛開的時節，除了前往韓國其他賞櫻名勝之外，在大邱市區和周邊的城市，也能欣賞到櫻花美景，免去人擠人的辛苦，節省時間體力、提升旅遊品質。賞櫻之外，還有黃澄澄的油菜花田，讓大邱的春景更多元有看頭。

　　時序來到10月底～11月初，是大邱顏色最豐富的時刻，此時楓葉慢慢轉紅、銀杏漸漸變黃，呈現相當多彩繽紛的城市樣貌，櫻花樹的樹葉，也會由夏日綠色，逐步染成紅黃交錯，成為秋景的另一亮點。

琴湖江櫻花路
금호강 벚꽃나무길

DATA

➡ 地鐵137峨洋橋站4號出口，直走一下到峨洋橋邊，兩岸沿線都有櫻花樹，但靠機場側較多且密集 ⏰ 琴湖江沿線設有公廁但數量不多，沿岸景點、咖啡店可參考P.43～45 MAP P.37

　　琴湖江是貫穿大邱的主要河流，峨洋橋區段的兩側堤防上，種有綿延1公里多的櫻花樹，尤其是靠大邱機場側、峨洋橋和機場橋之間更為密集。往東村遊園地延伸，沿線設有自行車道和運動設施，更有幾家可欣賞琴湖江和八公山開闊景色的咖啡店，四季都是休閒的好去處。

花甫羅東山
꽃보라동산

DATA

✉ 대구시 북구 산격동 1500-6 ➡ 在「大邱市廳山格廳舍」(대구시산격청사)附近 ⏰ 1.搭計程車時，直接告知駕駛景點名稱／2.韓國Naver地圖搜尋可輸入「花bora daegu」查公車路線 MAP P.37 (以下圖片提供／大邱觀光情報中心)

　　大邱市區新川邊的休閒公園，位於慶北大學附近，為大邱北區8景之一，沿線設有自行車道和運動器材，以及好走的步道和可以坐下休息的椅子，春天櫻花盛開時，是在地居民常會去的賞櫻祕境，沿著櫻花路打造的「愛情告白拍照區」，也是情侶們的約會勝地。

啟明大學 城西校區
계명대학교 성서캠퍼스

DATA

🌐www.kmu.ac.kr ✉️大邱 達西區 達句伐大路 1095(新堂洞) ☎️(053) 580-5114 🚇地鐵220啟明大學站1、7號出口，旁邊即是學校校區，往前直走可看到學校入口 ⓘ校園內請勿大聲喧嘩 🗺️封底裡

啟明大學為設立在大邱的基督教私立大學，前身為大邱的醫療機構濟眾院，因西洋教會的辦學背景，校園內的建築風格，多有融合西方文化的氣息。位在大邱達西區的城西校區，雖然距離市中心較遠一點，但是走出地鐵站即到學校圍牆邊，且校區範圍頗大，櫻花、水杉木和銀杏楓葉，搭配傳統韓屋建築韓學村，是來到大邱參觀學校的首選。

啟明大學 大明校區
계명대학교 대명캠퍼스

DATA

🌐www.kmu.ac.kr ✉️大邱 南區 明德路 104(大明洞) ☎️(053)580-5114 🚇地鐵330南山站2號出口，往右直走約2～3分鐘，十字路口左轉過馬路，再直走約2分鐘可到大門口 ⓘ校園內請勿大聲喧嘩 🗺️封面裡

基督教啟明大學的大明校區，雖然校園的整體規模，沒有城西校區來得大，但同樣有著歐式風格的建築，紅磚牆搭配藤蔓植物，粉嫩的春櫻點綴著，有桃紅、淡紫、淺白等不同顏色的花朵，還有秋天時分，當樹葉陸續變色之際，黃澄澄的銀杏地毯更是一絕，凸顯此處的浪漫氣氛，常吸引情侶來拍紀念或婚紗照，並且位置地近大邱市區，也是很多附近居民會來散步休閒的地方。

遊賞去處

前山櫻花路
앞산벚꽃로

見P.92

MAP P.89 / D3

　　從地鐵站往大邱前山展望台的路上，前山循環路是餐廳、咖啡店的聚集地，此路段有種植櫻花樹，雖然數量不是太多，但因為沒什麼人潮，在櫻花盛開的初春之時來走走，也是不錯的散步好去處。此外，前山公車的終點站，往纜車站的山路上，也有不少櫻花樹呢！

遊賞去處

壽城池櫻花路
수성못 벚꽃나무길

見P.160

MAP P.159 / B3

　　圍繞壽城池，這裡是大邱知名的運動休閒公園，周邊聚集許多餐廳和咖啡店，靠近壽城飯店的區域，岸邊為櫻花樹的密集區，每當春櫻盛開之時，無論是沿著岸邊散步，或是找家咖啡店休息賞景，都相當愜意悠閒。

河中島油菜花園區

하중도 유채꽃단지

DATA

📮大邱 北區 노곡동 740 ➡1.計程車：從半月堂／東城路出發，單趟車程約20分鐘、車費約11,100W／2.地鐵轉公車：地鐵324八達市場站，唯一出口往左迴轉，直走約4分鐘的公車站牌，搭「北區3」(北區3)公車，車程約8分鐘在終點站下車，再往回步行約5分鐘橋下 ❓韓國Naver地圖搜尋可輸入「hajungdodae-gu」 🗺封底裡

右圖圖片提供／大邱駐台觀光推廣辦事處

在琴湖江的大邱北區區段，因位於河道的中間，所以被稱為河中島，是大邱知名欣賞油菜花的景點。油菜花4月初～中開花，大約在主要櫻花季之後，花期最長可到約1個月，島上另有一區塊，秋天是種植波斯菊，大約10月初開花。島上設有公廁，但附近沒有商店，飲水點心需自備。

月谷歷史公園

월곡역사공원

DATA

📮大邱 達西區 상인로 134-9(상인동) ☎(053)667-2798 ➡地鐵121月村站4號出口，直走約3～4分鐘路口右轉，再直走約3分鐘的叉路口，往左直走一下即到 🗺封底裡

為紀念壬辰倭亂時，發動義兵起義的月谷「우배선」(禹拜善)而建立的公園。這裡的櫻花品種為多瓣櫻花(겹벚꽃)，花朵成粉紅色球狀，比起一般常見的白色櫻花，開花時間約晚2週。此處櫻花約每年4月中盛開，規模雖然不大，但還是很推薦來走走拍照。

大邱樹木園
대구수목원

DATA

🌐 www.daegu.go.kr/Forestry 📧 대구 달서구 화암로 342(대곡동)
📞 (053)640-4100 🕐 5～8月09:00～17:00、9月～隔年4月09:00
～18:00 💲 免費入場 🚇 地鐵轉公車還要步行，或是班次不多，建議
轉搭計程車。地鐵117大谷站2號出口出來，轉計程車約4分鐘、車費
約4,000W。🅿 每週一部分區域不開放 🗺 封底裡

　由垃圾掩埋場改造的市民休閒公園，總占地約74,000餘
坪，後來為了解決環境問題，除了用土重新覆蓋之外，也廣
植各種樹木和花草盆栽，主要由針葉樹、闊葉樹、野生花草
園、藥用植物園等21個各式各樣的主題園區構成，提供日常
觀察、校外教學、學習研究與休憩的功能，每年10月初會舉
辦菊花慶典，五顏六色的花朵更增添樹木園的多彩氣息。

八公山
팔공산

見 P.135

DATA

🗺 P.33

　大邱近郊的知名山峰，往遠離市區的山路前
進，一路上多種植有櫻花樹，淡色櫻花與清新
空氣的完美結合，讓遠離市區的春遊也能很有
看頭。時序來到秋天，八公山纜車站的周邊，
還有些銀杏樹，所謂秋景並非只能是楓葉，會
變顏色的櫻花樹葉和其他植物，加上搭纜車輕
鬆到達高處眺望，更是令人賞心悅目。

慶州
경주

見 P.194

DATA

🗺 P.195

　位於慶尚北道的千年古都慶州，距大邱約1小
時車程，擁有世界文化遺產的千年古蹟，被稱
為沒有圍牆的博物館，以普門湖園區為中心，
還有大陵苑石牆路等景點，慶州各處多有櫻花
樹，但人潮較少，若到訪的時間稍晚，在佛國
寺前的山坡上，4月中還有粉紅色球狀的多瓣櫻
花(겹벚꽃)可欣賞，此外佛國寺楓葉、統一殿銀
杏等，亦為大邱周邊秋季的拍照打卡熱點。

夏天清涼、秋天賞楓好去處

大邱生態森林主題樂園
에코테마파크대구숲

MAP P.封底裡
出地鐵站，
轉搭公車約35分鐘

DATA

http www.daeguforest.com(韓) 대구시 달성군 가창면 가창로 1003
(용계리) (053)761-7400 平日10:00～18:00，週末到19:00
，售票時間到打烊前1小時截止 入場券大人9,000W，未滿12
歲的孩童8,000W 地鐵131中央路站1號出口，直走約1分鐘的
站牌，搭紅色急行(급행)2號公車，車程約35分鐘，直接在門口旁
下車。回程到對向搭公車回市區即可 園區內有餐廳，但建議
自備飲食為佳；疫情期間暫停開放，恢復時間目前尚未確定

大邱是韓國相對來說氣溫最高的地區，為了降低整體
溫度，除了在市區廣設公園和種植綠樹之外，在近郊也
規畫以接近大自然為走向的活動園區。大邱生態森林主
題樂園(原名香草之丘Hill Crest)，為結合叢林遊樂設施
的自然環境公園，在清新樹林裡漫步，走過吊橋、越過
小溪，樹林間設置的攀岩、空中飛索等設施，可驅散惱
人的暑氣，每當秋天樹葉變色之際，紅、黃、綠等豐富
色彩交織而成的美景，搭配上園區內設置的韓屋亭台樓
閣，更是休閒拍照、欣賞楓紅的好去處。

1|**3**園區內有很多高聳的樹木，夏季來訪也是避暑好去處 **2**樹木上的
特殊造景設計 **4**這裡也是大邱相當漂亮的賞楓景點

| 玩 | 家 | 筆 | 記 |

琴湖江畔的藍和綠

琴湖江是貫穿大邱市區的主要河流，沿線分為多個區段，東村一帶從日據時期起，就開發為遊樂場所，韓戰後陸續建造遊樂園等設施，是老一輩大邱人的年輕回憶。現在的遊園地和公園，以不破壞生態的環保概念，栽種各種樹木和花草，打造市區裡的自然景觀，並有自行車道和運動設施，週末假日常可看到江邊的度假帳篷，還有營運中的鴨子船，無論是賞春花秋景，或夏季避暑、日常運動散步，這裡都是休閒好去處。

在韓國各地興起海景咖啡店的同時，雖然大邱是不靠海的內陸盆地城市，但有著蜿蜒曲線的琴湖江加持，以及八公山群的襯托，從東村遊園地開始，一直延伸到國立慶北大學周邊、靠近大邱機場的伏賢洞一帶，選間咖啡店找清涼舒適，可以更輕鬆地欣賞琴湖江周邊的景色。琴湖江沿線的東村區段大致為直線，視線上為近景平視，伏賢洞區段前後有曲道，較無固定物遮擋，視線上為遠景眺望，各有不同的特色。

➡ 琴湖江的部分區段，周邊不靠地鐵站，或是還稍有距離，可參考P.26搭計程車，或以電子地圖搜尋公車＋步行來往

特色美食

欣賞琴湖江的美麗曲線

STABLE MOMENT
스테이블 모먼트

DATA

從東城路商圈
搭計程車約22分鐘

IG stable_moment01 　대구 북구 복현로8길 19-36(복현동) 　0507-1498-8002 　10:00~22:30 　飲料甜點約4,800~13,000W，另有麵包和早午餐 　從東城路商圈出發：1.搭計程車：車程約22分鐘、車費約8,600W／2.搭公車：車程＋步行約30分鐘 　為維護小孩安全，夾層空間為No Kids Zone。低消每人一杯飲料

　　位在大邱琴湖江畔、伏賢洞住宅社區的「STABLE MOMENT」咖啡店，店面內外以裸磚牆布置，挑高的室內空間，讓視覺上沒有壓迫感，營造出工業風格的大氣，搭配上琴湖江側的大片落地窗，更顯開闊舒暢，可以完全沒有遮擋地眺望峨洋橋周邊的景色。

　　往樓下走去更是別有洞天，裝潢時保留了所在小山坡的岩石，並採用不規則漂流木製作的桌子，還有戶外陽台空間的綠色植栽，猶如一秒穿越到了哪個度假勝地，讓人頓時忘記，其實正身處於都市水泥叢林之中。

　　每天從上午營業開始，就有多款當天現烤的麵包甜點，迎接客人的到訪，還有幾款早午餐可選擇，香氣四溢到讓人捨不得離開。

特色美食

最優秀賞的獲獎建築

CAFE MELT

카페멜트

DATA

MAP P.37

從東城路商圈
搭計程車約20分鐘

📷 melt_daegu ✉ 大邱 北區 空港路 89(伏賢洞) 📞 0507-1399-0889
🕐 10:30～23:00 💲 飲料甜點約4,500～15,000₩ ➡ 從東城路商
圈出發：1.搭計程車：車程約20分鐘、車費約8,100₩／2.搭公
車：車程＋步行約30分鐘，可穿過橋下的運動公園前往 ⓘ 為維
護小孩安全，頂樓戶外空間為No Kids Zone。低消每人一杯飲料

　　坐落在大邱北區伏賢洞的住宅社區旁，「CAFE
MELT」緊鄰琴湖江的機場橋區段，是韓國2019年建築
最優秀獎的獲獎建築，外觀以清水模的現代主義建築設
計，營造出沉穩簡約的氛圍，並運用大片落地窗，讓室
內空間更為通透明亮，還能俯視琴湖江周邊的曲道景
色，享受都市裡的自然美。

　　「CAFE MELT」周邊主要有國立慶北大學，以及永進
專門大學，整體氣氛也較為安靜，4樓則是適合三五好友
聊天，頂樓戶外空間視野更是極佳，但無論在何處，抬
頭即能眺望琴湖江周邊的開闊景色，讓身心都有放鬆的
舒適感。店內每天現烤的新鮮麵包，大約在上午11點半
左右開始陸續出爐，很適合來下午茶喝咖啡呢！

大邱 10+2 味 美食饗宴

大邱均溫較高且不靠海，以往為延長食物保存期限，會以較多辣椒、大蒜、生薑、食鹽等來醃漬，傳統上較為重口味。韓戰時因緊鄰洛東江天然防禦線，成為釜山之外較多難民集中的地區，各地飲食隨之在此匯集，加上本身的內陸文化，造就特有的飄香風味。大邱市精選出10味特色料理，還有作者也很喜歡的2味遺珠，一起介紹給讀者享用囉！

分式湯飯
따로국밥

「湯飯」是很常見的韓國料理，大邱人習慣將湯和飯分開端上桌，因此稱為「分式」湯飯。大邱口味的牛「血」湯飯，在熬燉牛骨時加入辣椒粉、辣椒油、大蒜和蔥等調味，吃起來既有辣味、但也爽口，是介於傳統清淡牛尾湯和辣牛肉湯的折衷口味。韓國各地使用不同主材料製作湯飯，大邱氣候炎熱，為了補身健體，最早是用狗肉，韓戰後的1950年代開始，改用牛肉、牛血成為湯飯的主角。

WHERE TO EAT

■ 國一分式湯飯(P.119)
■ 大邱傳統分式湯飯(P.119)

| 玩 | 家 | 筆 | 記 |

飯後來一杯咖啡吧

「飯後來一杯」是很多韓國人的習慣，在韓國的餐廳裡，常可看到這樣的自動咖啡機，通常會放在櫃台旁或大門邊，機器上的數字代表金額，若顯示「000」就是可以免費喝咖啡啦！按下按鈕後，從機器裡會掉出紙杯來盛接咖啡，可別小看這免費的三合一咖啡，有很多還真的是挺好喝的呢！(通常每人一杯喔！)

辣蒸排骨
찜갈비

　　牛排骨是韓國的重要食材，如：雪濃湯、排骨湯、牛骨湯等補身料理，多是清爽的白湯。1970年代在大邱東仁洞、一對喜歡吃牛排骨的夫婦，從最早沾鹽吃，到放入辣椒粉和大蒜烹煮，後來開餐廳販售，在氣溫較高的大邱廣受歡迎❶，如今東仁洞成為辣蒸排骨店家聚集的街區。牛排骨先蒸好，點餐後再放辣椒粉和大蒜加熱，剩下的醬料也可做成炒飯，更是有滿足感喔！

❶ 韓國相傳「以熱治熱」，天氣越熱越要吃可以補身的熱食料理，如此才不容易中暑生病，三伏天吃蔘雞湯也是由此而來。

WHERE TO EAT

■ 巨松辣蒸排骨(P.101)
■ 樂榮辣蒸排骨(P.131)
■ 三美辣蒸排骨(P.156)

| 玩 | 家 | 筆 | 記 |
辣蒸排骨的實用韓文

　　辣蒸排骨最早是牛肉，後來出現使用豬肉，或是可自選肉類，以及部分店家可調整辣度，這裡替讀者整理出實用韓文，點餐前建議可再次向店家確認，其他肉類料理也可以使用喔！

牛／소

豬／돼지

■ 幾乎不太辣／순한맛
■ 只有一點辣／조금매운맛
■ 中間辣一點／중간매운맛
■ 最高非常辣／최고매운맛

烤河豚肉
복어불고기

　　韓國其他城市的河豚料理，大多是清湯、辣湯、油炸或生魚片的樣式，但是在大邱還有不一樣的吃法。將河豚處理好、挑出魚刺之後，和豆芽菜一起加入辣底的調味料烹煮，就像是烤肉般，一杯燒酒、一口辣魚肉下肚，對大邱的饕客來說，如此吃法最為暢快，之後把白飯

和剩餘的調味料蔬菜一起做成炒飯，也是韓國料理常見的完美結尾喔！

WHERE TO EAT

■ 海金剛(P.139)

扁餃子
납작만두

這是一種飽含歷史回憶的小吃。韓戰後各種物資缺乏，加上為了降低中式煎餃的油膩度，而在大邱開發出的新吃法：用餃子皮將少量剁碎的韓式冬粉、韭菜、大蔥、紅蘿蔔、洋白菜等包成扁狀半月形，然後煎煮來吃。也許是餡料切的很細碎，且口味較清淡，光吃扁餃子難有飽足感，因而衍伸出多樣搭配吃法，在大邱常常都可以看到。

WHERE TO EAT

- 中央辣炒年糕(P.122)
- 藍色的辣涼拌海鮮(P.149)
- 西門市場(P.151)

| 玩 | 家 | 筆 | 記 |

扁餃子常見的4種吃法

加醬油或醋，搭配烏龍麵

加醬油，搭配魚糕

可沾辣炒年糕醬汁

用來包辣涼拌海鮮

炒烏龍麵
야끼우동

大邱10味裡的炒烏龍麵，是起源於東城路小巷內的中華料理店「中和飯店」，由第一代老闆所開發的樣式吃法，至今已有40多年歷史。大邱式的炒烏龍麵，有點像乾的炒碼麵(짬뽕、辣海鮮湯麵)，放入鮮蝦、魷魚和豬肉，加上洋蔥、白菜、南瓜、木耳、豆芽菜、韭菜或菠菜，並以辣椒粉、大蒜等調味料大火拌炒，有著微甜微辣的Q彈口感，是大邱中餐廳裡的人氣料理。

WHERE TO EAT

- 龍井飯店(P.103)
- 中和飯店(P.122)

刀切麵
누른국수

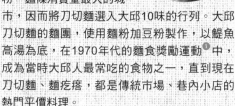

「누른국수」是慶尚道方言，指的是刀切麵(칼국수)，大邱是全韓國麵粉、麵條消費量最大的城市，因而將刀切麵選入大邱10味的行列。大邱刀切麵的麵團，使用麵粉加豆粉製作，以鰻魚高湯為底，在1970年代的麵食獎勵運動❶中，成為當時大邱人最常吃的食物之一，直到現在刀切麵、麵疙瘩，都是傳統市場、巷內小店的熱門平價料理。

❶ 米飯是韓國人的主食，韓戰後因稻米生產量不足，政府為解決飲食問題，鼓勵人民多吃麵食，此一政策也是麵包等西洋化食物在韓國開始發展的契機。

WHERE TO EAT

■ 西門市場(P.151)　　■ 辣味刀切麵(P.156)

炸雞胗
닭똥집튀김

韓戰後牛、豬肉較貴，因此出現許多低成本的雞肉料理，如：辣炒雞排、一隻雞(湯)、雞肉刀切麵等，加上從美國引進西式炸雞，韓國的雞肉使用量劇增，但雞內臟常被拋棄，所以大邱平和市場(평화시장)裡賣炸雞的店家，利用雞胗來製作較便宜的下酒菜。雞胗最早是裹粉油炸，後來也有不裹粉的，或是以醬油、大蒜、辣椒等調味，近來還有加入整隻大章魚、魷魚一起炸來吃的新選擇，相信這少見的扎實口感，不會讓大家失望的。

WHERE TO EAT

■ THE 大本部(P.140)　　■ 雞胗大統領(P.140)

辣涼拌海鮮
무침회

大邱位於不靠海的內陸地區，在交通不便、低溫設備欠佳的年代，為了吃到新鮮海產，將魷魚、海螺、田螺等煮熟，和生海鰻、蘿蔔絲、水芹菜一起，加入辣椒粉、大蒜、生薑等攪拌均勻，是很爽口的辣味料理，可以拌著白飯或用扁餃子、生菜包著吃，此外也是下酒菜好選擇。大邱的內唐洞、地鐵228小嶺站旁，聚集多家提供辣涼拌海鮮的店家，成為特色餐飲的代表一條街。

WHERE TO EAT

■ 藍色的辣涼拌海鮮(P.149)

烤腸
막창구이

視覺效果十足的起司火烤腸

　　大邱自古以來就是重要的交通轉運地，城市周邊就有屠宰場，為提供乘客休息喝酒的地方，出現將牛或豬腸用炭火烤來吃的小店。烤腸很適合做下酒菜，大邱特色是將腸子沾加了蒜和蔥的豆類醬料一起吃，而且還要喝燒酒才最對味。

　　現在多以烤豬腸為主，除了原味、辣味，也有加起司火烤的另類選擇，最後再搭配加點的炒飯，吃烤腸也是可以很滿足呢！

WHERE TO EAT

■ 豬博士烤腸(P.93)

雞心(염통)

燒酒(소주)

大腸頭(막창)

小腸(곱창)

炭火烤肉
연탄불고기

　　這裡的炭火，專指圓柱型、中間有洞的蜂窩狀煉炭，曾是東亞地區主要的家用燃料，韓國是從韓戰後開始推廣使用，並於1988年左右達到高峰。當時生活窮苦吃不起大塊烤肉，因此從大邱北城路的小吃攤開始，發展出將豬碎肉以微甜不辣醬料炭烤的下酒菜，後來也逐漸有辣味、使用牛肉或搭配白飯生菜的簡易餐點，成為知名的大邱式庶民美食。

WHERE TO EAT

■ 常客食堂(P.131)

生牛肉
생고기, 뭉티기

在以往低溫設備不普遍的年代，肉類屠宰場大多設在城市周邊，以即時提供新鮮肉品給消費者，大邱是眾多人口聚集的大城市，因此也發展出吃生牛肉的飲食文化。1950年代之後，大邱地區的生牛肉吃法，是以韓牛後腿內側肉和牛臀肉為主，切成拇指大小的片狀，可以直接單吃，或沾以芝麻油、大蒜和辣椒醬做成的調味料來吃，是很營養的補身料理，也是很好的高檔下酒菜。

大邱吃法的生牛肉「片」，上桌時不加任何調味料

其他吃法的生牛肉「條」，上桌前就以芝麻油和蔥調味

WHERE TO EAT

■ 鹿養(P.161)

辣鯰魚湯
논메기매운탕

身為內陸城市的大邱，最知名、有特色的魚類，就是生長在淡水的鯰魚。和韓國一般製作辣魚湯相似，將鯰魚處理好之後，放入以海帶、蘿蔔熬製的湯底，再加入大量的大蒜和辣椒粉燉煮。大邱鯰魚以達城郡為主要養殖地，在地鐵216汶陽站(西邊底站)附近規畫了辣鯰魚湯村，喜歡鄉村風光，也想嘗試這道料理的話，各店家會有派車在地鐵站接駁乘客，可多加利用。

在地鐵216汶陽站1號出口外等待顧客的各家接駁車

WHERE TO EAT

■ 地鐵216汶陽站1號出口外有各家的接駁車，餐廳通常是於民宅自營，時間上較彈性，一般午、晚餐時間皆可前往。作者吃過的店家，店名為大成(대성)，電話(053)583-3210，營業時間約11:00～21:30，最後點餐20:30，元旦、春節、中秋公休，提供給大家參考。

| 玩 | 家 | 筆 | 記 |

辣鯰魚湯的實用韓文

■ 辣鯰魚湯 / 매운탕　　■ 加泡麵 / 라면사리
■ 辣燉鯰魚 / 메기찜　　■ 白飯 / 공기밥

韓國最高等級的牛肉

大邱印象 3

微紅，如此口感最佳，不一定要沾醬，單吃就能品嘗到鮮甜的滋味。

WHERE TO EAT

- 阿斯多羅韓牛(P.53)
- Bareumi名品韓牛(P.54)
- 終極美味的牛(P.55)
- 慶州千年韓牛(P.207)

| 玩 | 家 | 筆 | 記 |

韓牛等級越高，油脂量也越多

經過評鑑的韓牛肉，會以A++(1++)、A+(1+)、A······等標示等級，越高等級(A++)的韓牛肉，含油脂量也越高，吃太多容易覺得膩口，或是腸胃不太舒服，建議可選A+的肉品，或是不同等級、部位相互搭配。

烤肉店菜單肉標上的「花肉」

相同部位的肉品，若肉標名稱前有「꽃」(花)，例如：牛的「꽃등심」(花外脊)，是指該塊肉品的油脂分布像雪花一般，白色部分較為明顯且均勻，吃起來入口即化。若只有「등심」(外脊)，則是肉品的口感較為扎實、有嚼勁。

真木炭的燒烤炭香味無法取代

雖然用瓦斯爐＋鐵板也可以吃燒烤，而且準備和清潔更為方便，價格相對來說也更便宜，但是以真木炭(非原子炭)來燒烤製作的料理，不僅有著迷人的炭香味，還能保有食材最樸實的原味，即使價位會稍高一些，仍然吸引老饕們的到訪。

在低溫設備不足、交通來往不便的年代，畜產市場要設在人口聚集的城市周邊，才能將新鮮肉類，快速地運送到市場販售。大邱剛好是在朝鮮時代國家官道—嶺南大路，以及韓國最長河流—洛東江的匯集之處，因人口相對較多，逐漸發展出不同於其他周邊地方的飲食文化，而「肉食」就是其中重要的一部分。

「韓牛」是以特殊方式在韓國飼養的牛隻，各地流程可能不同，但須通過專業評鑑分級，如：A++(1++)、A+(1+)、A······等，經過認證的才能稱為韓牛，所以，不是生長在韓國的牛都能稱為韓牛！高品質韓牛肉量少價高，在韓國人心中代表「貴重」，結婚喜慶、對他人表示感謝時，常會將韓牛肉當作禮物。

韓國的牛肉大致分為以下兩種：「韓牛」有經過專業評鑑分級的最高檔韓國肉品，「肉牛」是生長在韓國的牛隻，或是標示產地的進口牛肉。真正的韓牛肉質比一般肉牛更鮮嫩柔軟，且膽固醇含量低、不飽和脂肪酸高，但是價高量少，通常在專門餐廳才能吃到，只要輕輕地在炭火上刷個幾下，約5～7分熟度、表面略帶

可以自選肉盤的美味韓牛

阿斯多羅韓牛自助中心

아사다라 한우셀프센터

特色美食
DATA

MAP P.159 / D3

從地鐵壽城池站
搭計程車約4分鐘

✉ 대구 수성구 용학로 116-12(두산동) ☎ (053)765-9999 ⏰ 11:00～22:00，最後點餐21:00，平日中午特餐12:00～14:30 💲 依照部位不同，韓牛肉每100公克約17,000₩，基本費每人7,000₩。平日中午特餐：生牛肉拌飯20,000₩、牛肉湯飯12,000₩、鮑魚排骨湯35,000₩、生拌牛肉30,000₩、烤肉定食20,000₩ 🔜 距離地鐵338壽城池站約1.1公里，可在韓國Naver地圖(P.26)，輸入餐廳的電話定位，跟導航步行約15～20分鐘，搭計程車約4分鐘，車費約4,000₩ ⏱ 中午特餐僅限平日

壽城池周邊的美食餐廳，只販售嚴選的1++、1+等級韓牛肉，在店內找位置入座後，不是直接跟店員點餐，而是要去肉品販售區，任選購買喜歡的肉品等級部位，也可搭配香菇和杏鮑菇，然後再拿到燒烤區用餐，每人外加基本費，包含醬料和小菜(續用自助式)。如果不知道如何挑選肉品部位，推薦選擇綜合拼盤「특수부위」(特殊部位)，可以一次品嘗到不同口感，2人用餐建議約600公克肉盤，3～4人建議約800公克肉盤，吃完不夠再去購買，確保肉品的新鮮度。

Menu

阿斯多羅菜單

☐ 生牛肉拌飯 / 육회비빔밥
☐ 牛肉湯飯 / 소고기국밥
☐ 鮑魚排骨湯 / 전복갈비탕
☐ 生拌牛肉 / 육회
☐ 烤肉定食 / 불고기정식
☐ 米飯 (附大醬湯) / 공기밥
☐ 石鍋飯 / 가마솥밥
☐ 水冷麵 / 물냉면
☐ 辣拌冷麵 / 비빔냉면
☐ 辣味水冷麵 / 빨간 물냉면

❶餐廳外觀 ❷可以依照喜好需求，自選看對眼的肉盤 ❸韓國人習慣先吃完烤肉，才加點米飯、冷麵等澱粉類主食 ❹使用真木炭來燒烤，更能增添口感香氣 ❺牛肉烤到約5～7分熟度最為鮮嫩好吃，可用剪刀把牛肉剪成適口的大小

特色美食

五星飯店直營的烤肉餐廳

Bareumi名品韓牛

바르미 명품한우

DATA

대구시 수성구 무학로 78 번지(두산동)2층 (053)764-7640 平日11:30〜15:30、17:30〜21:20、假日下午不休息，最後點餐20:20 套餐每人23,900〜27,900₩，烤肉單點16,800〜24,500₩(需點兩份以上) 參考P.160壽城遊園地，在「斗山五岔路口」過馬路後直接右轉(不要走到池邊)，沿大路走約8分鐘可到，韓牛烤肉在2樓 用餐時間限2小時；兩人以上用餐，或單點烤肉需兩份以上

MAP P.159 / C2

從地鐵壽城池站
步行約12分鐘

　　位在壽城池旁，由大邱的五星級飯店「Inter-Burgo」直營，提供當日嚴選的1++、1+等級韓牛肉。每人點任一價位套餐，基本包含韓國彥陽式(薄片)韓牛烤肉一份，主食(可單點)有生牛肉拌飯、辣拌生牛肉、石鍋拌飯(可選生牛肉或烤肉)等，如果只想吃韓牛烤肉(厚片)，也有3種組合可選擇，部分小菜和飲料、甜點等採自助式取用。餐廳環境明亮寬敞，適合家族、帶長輩等多人聚餐。

１餐廳外觀 ２石鍋拌飯，可選生牛肉或烤肉，記得要加拌飯醬一起攪拌均勻再吃 ３彥陽式的烤韓牛為薄片牛肉，套餐之外可以再加點 ４另有幾種部位的厚切韓牛肉，大蒜和泡菜也可以放在烤盤上加熱

Menu

Bareumi 菜單

- 彥陽式烤肉 / 언양불고기
- 綜合韓牛 / 한우모듬
- 牛里肌肉 / 등심
- 牛排骨肉 / 갈비살
- 翼板肉 / 부채살
- 胸腹肉 / 업진살
- 前腰脊肉 / 채끝등심
- 牛橫隔膜肉 / 안창살
- 厚橫隔膜肉 / 토시살
- 生拌韓牛肉 / 한우육회
- 拌生韓牛肉 (有湯) / 한우물회
- 鐵鍋飯 / 가마솥밥
- 鐵鍋飯＋大醬湯 / 가마솥밥 + 된장
- 米飯＋大醬湯 / 공기밥 + 된장
- 生牛肉拌飯 / 육회비빔밥
- 韓牛湯飯 / 한우국밥
- 生牛肉石鍋拌飯 / 육회돌솥비빔밥
- 烤肉石鍋拌飯 / 불고기돌솥비빔밥
- 生牛肉冷麵 / 육회냉면
- 辣拌冷麵 / 비빔냉면
- 水冷麵 / 물냉면

1

2

3

4

MAP P.37

從東城路商圈
搭計程車約12分鐘

特色美食

韓牛、和牛一起擁有

終極美味的牛 本店

끝소

DATA

🆔the_lastbeef ⊠大邱 北區 大學路 23길 8-1(산격동) ☎(053)587-9292 🕐12:00~24:00，最後點餐23:00 🈺中秋、新年(建議事先確認) 💲肉蛋糕單層89,000₩、雙層119,000₩、三層149,000₩，生哇沙比醋飯4,000₩ 🅿位在慶北大學的北門商圈，附近沒有地鐵站，距離東城路商圈約4.6公里，可在韓國Naver地圖(P.26)，輸入餐廳的電話定位，查詢公車路線，或搭計程車前往，車程約12分鐘、車費約6,300₩ ⓘ1.各部位牛肉產地不同，並非都是韓牛。2.可單人用餐，需單點三份肉。3.姐妹店「끝돈」(終極美味的豬)，在慶北大學北門、東城路旁鐘路商圈各有分店

位在國立慶北大學的北門商圈，本店和直營店就在對門，使用高等級品質的熟成韓牛肉，結合美國、澳洲產的和牛，以視覺系的「三層肉蛋糕」打響名號，還能依照生日、紀念日等，裝飾上不同字詞的語句，不只是外觀造型浮誇，也兼顧味蕾享受的鮮嫩多汁。

肉蛋糕包含：三角肉、牛下腹肉、雪花肉，以及俗稱「菲力」、口感軟嫩的牛後腰脊肉，建議單層2人、雙層2~3人、三層3~4人，另有牛肉、牛腸、牛舌可單點。最推薦加點生哇沙比醋飯，把牛肉烤到約5~7分熟，覆蓋在抹上哇沙比的醋飯上一口吃下，那合拍的味道讓人驚艷，再搭配來瓶紅白酒，更能襯托出新鮮牛肉的迷人風味。

1餐廳外觀 **2**三層肉蛋糕，點餐後需等約10分鐘製作 **3**使用真木炭燒烤，以及專利設計愛心圖案的烤盤，是其與姐妹店的特色 **4**炭烤牛肉搭生哇沙比醋飯一起吃，非常合拍的美味

Menu

阿斯多羅菜單

☐ 三角肉 / 삼각살
☐ 牛下腹肉 / 치마살
☐ 雪花肉 / 설화살
☐ 牛後腰脊肉 / 샤또브리앙
☐ 牛橫隔膜肉 / 안창살
☐ 牛舌 / 우설
☐ 牛肚 / 소막창
☐ 牛大腸 / 소대창
☐ 牛肥腸 / 소곱창
☐ 生拌牛肉 / 육회
☐ 牛肉大醬鍋 / 소고기 된장찌개
☐ 生哇沙比醋飯 / 생와사비초밥

大邱人去哪裡吃海鮮

大邱印象 4

浦項竹島市場

　　從東大邱站出發，單趟車程只要約60～90分鐘，就能來到韓國東海岸的浦項市，這裡以往最為外國人所知道的，是世界知名鋼鐵公司—浦項鋼鐵的總部所在地，但浦項有韓國東海岸最大的綜合傳統市場—竹島市場，其中的海鮮市場，就是大邱人常會去吃海鮮的地方。

　　浦項的竹島海鮮市場，比起其他大城市的同類市場，不僅海產批發／零售價格更為實惠，與他處不同的是，這裡的海鮮專門餐廳，經過浦項傳統市場和商家的合力整理規劃，以海鮮類別和人數來選擇套餐，例如：大蟹(대게)套餐幾人份，內容包含豐富的海產類小菜，並且價格都直接掛在店門前，價格更為透明公開。

盈德江口港竹蟹街

　　如果比起綜合海鮮，更偏好螃蟹這一味，也想遠離嘈雜大城市，到海邊小鄉村走走，那麼慶尚北道盈德郡江口港的竹蟹街，非常適合作為大邱的順遊之旅，從東大邱巴士站出發，每天有往返各約12個班次來往江口港，車程單趟約90分鐘，下車後只要步行約8～10分鐘，對岸就是江口港竹蟹街。

　　江口港的螃蟹餐廳，與韓國他處用「重量＋人頭費」的計價方式不同，這裡是以螃蟹的大小隻來分4～5個等級計算，價格明確不混亂，不另外加人頭入座費，並且不只有「蒸」的料理方式，生吃、焗烤、油炸等多樣變化，還有附上海鮮類配餐小菜，能以實惠的價格，享受豐富的全螃蟹美食宴。

　　大邱是個不靠海的內陸盆地城市，在古代交通和冷藏設備都不發達的年代，飲食發展比較少看到海水海鮮，甚至連淡水海產都不多，即使到了現代，大邱也還是沒有規模較大的海鮮專門市場，所以常有外國人會問：「那大邱人不吃海鮮嗎？」「可是韓國的海產很有名！」

　　去大邱玩，可以去哪裡吃海鮮料理呢？

市區的海鮮餐廳

　　現代低溫運輸很發達，要想就近在大邱市區吃到海鮮料理，不僅沒有問題，其實選擇還挺多樣化，例如：東城路商圈旁的大邱鐘路，或是壽城池(수성못)周邊、德安路(들안로)上，都是大邱市區裡，大眾交通方便的餐廳密集區，如果不想跑遠，就近也能吃到海鮮美食。

「啊啊」配甜點麵包

大邱印象5

請給我「啊啊」！？

「아아 주세요.」(請給我啊啊。)

來韓國旅遊的時候，在咖啡店常會聽到，韓國人這樣跟店員點餐，那到底「아아」(啊啊)是什麼呢？

韓國人的日常用語，常會把多個字的名詞簡略，例如：「아아」(啊啊)，是韓文—「아이스」(ice)＋「아메리카노」(Americano)冰美式咖啡的意思，各取兩字的第一個讀音，結合起來的縮略語，下次去韓國的咖啡店時，不妨就大聲的跟店員說「아아 주세요.」(啊啊 ju-se-yo)吧！

咖啡甜點外來語

相較於韓式餐點，可能會因為語言不通，而點餐時遇到困難，韓文裡的西餐、咖啡、甜點和麵包，這些從國外引進韓國的東西，大多都是用音譯外來語，或是韓語＋外語結合表達，也許發音上稍有不同，但多少了解大概的意思，並且這類店家的菜單通常都有附英文，可以試著用簡單的英文跟店員點餐。

韓國人吃過午餐後，很常會想往咖啡店或甜點麵包店裡移動，買杯餐後咖啡這也還能理解，但有時坐在店裡還要來個甜點，甚至是甜口味的麵包，真是讓人驚訝！「是沒有沒吃飽嗎？」韓國朋友說，也許，就是一種習慣吧！

大邱雖然是不靠海的城市，但從古代開始，就是朝鮮半島水陸交匯的轉運要地，因此相較韓國其他地區，接觸西洋文化的時間早、程度也更深。隨著兩韓戰爭爆發，拿到美國援助的麵粉，西洋式的麵包甜點逐漸在韓國發展，其中當為臨時首都的大邱，到目前都還有戰後時期成立的麵包連鎖老店繼續營業，走在大邱市區的街頭，除了為數眾多的西洋式教堂外，還會給人到處都有麵包店的感覺，特別是紅豆、奶油內餡的麵包，幾乎每個麵包店都買得到，以及賣到全國聞名的玉米麻藥麵包，喜歡吃麵包的你，來到大邱可不容錯過唷！

城市近代路之旅行

中區是大邱近代發展的開端與重要區域,大邱市結合此區各類景點,規畫了5條散步路線,可下載APP或在觀光案內所索取地圖,深入巷弄認識中區的特色街道。其中以第二路線最熱門,每週六有專人導覽(其他路線限團體15人以上預約),但目前場次不多,且網路預約只有韓文頁面,建議到大邱後再和觀光案內所詢問。

本書特別為讀者精選重要景點,製作專屬的Step by Step導覽路線「市中心繁華區」,現在就讓我們一起來探訪大邱中區的特色景點最前線吧!

各景點都有專屬紀念章喔

DATA

http www.jung.daegu.kr/new/culture(韓、英) (053) 661-2625 專人外語導覽,有英、日、中等語言,須事先申請,每次5人以上,場次為週六14:00

大邱7大印象

印象 6 城市近代路之旅行

北區廳站
북구청역

達城公園站
달성공원역

達城公園
달성공원

三星商會舊址
삼성상회터

機車街
오토바이골목

大邱演唱會館
대구콘서트하우스

大邱火車站
대구역

樂天百貨
롯데백화점

北城路工具街
북성로공구골목

香村文化館
향촌문화관

慶尙監營公園
경상감영공원

校洞市場
교동시장

樂天電影院
롯데시네마

大邱近代歷史館
대구근대역사관

中央路站
중앙로역

西門市場站
서문시장역

西門市場
서문시장

藥令市
약령시

韓醫藥博物館
한의약박물관

大邱百貨(廢業)
대구백화점(폐업)

長巷弄
진골목

星巴克大邱鐘路古宅店
스타벅스 대구종로고택점

東城路
동성로

第一教會
제일교회

每日新聞
매일신문사

醫療宣教博物館
의료선교박물관

大學藥局
대화약국

啟星中學
계성중학교

舊第一教會
구 제일교회

桂山聖堂
계산성당

鐘路
종로

嶺南大路
영남대로

現代百貨
현대백화점

東亞百貨
동아백화점

東城路觀光案內所
동성로 관광안내소

3.1運動階梯
3.1운동계단

西賢教會
서현교회

南山教會
남산교회

觀德亭
殉教紀念館
관덕정순교기념관

半月堂站
반월당역

青蘿之丘站
청라언덕역

小嶺站
반고개역

沙爾德聖保祿修女院
샬트르성바오로수녀원

大邱天主教大學游斯提努校區
대구가톨릭대학교 유스티노캠퍼스

聖母堂
성모당

天主教大邱大教區廳
천주교대구대교구청

明德站
명덕역

南山站
남산역

● ● ● ● 市中心繁華區散步路線

● ● ● ● 西式教堂巡禮散步路線

北

市中心繁華區

大邱邑城是朝鮮時代的交通要地，雖然老城牆早已消失殆盡，但仍然可依循古蹟建物的歷史遺跡，感受舊時過往和現代潮流的交織共存。從西城路的西門市場開始，經由南城路藥令市、北城路工具街，一直到東城路商圈，連接首都漢陽(首爾)、東萊(釜山)的嶺南大路，以及古時候的中心鐘路和有錢人聚居的長巷弄，帶領旅人穿越大邱的多彩時空。

DATA

ℹ 全程約3公里，步行通過約需1小時，若要參觀拍照(不含用餐)，則建議預留約2～3小時

焦點1

西門市場

서문시장

MAP P.59／A3

　　朝鮮時代的三大市場之一，也是大邱規模最大的常設綜合市場，搬遷整建後的井字型規畫，讓動線更為整齊方便，2016年中開始營運夜市，是個白天、夜晚都好逛、好吃、好買的在地特色商圈。(可參考地鐵328西門市場站)

HOW TO GET THERE

 地鐵328西門市場站2、3號出口旁即到。

知識充電站

達城公園(달성공원)、三星商會舊址(삼성상회터)

　　達城公園是朝鮮半島古代部落國家達勾伐的城址，日據時期建設為公園，目前結合小型動物園和散步休閒廣場，免費對外開放(白天前往為佳)。附近的三星商會舊址，為韓國知名三星集團的發源地，距離西門市場不遠，可一起安排參觀。

三星商會舊址

HOW TO GET THERE

 達城公園：地鐵327達城公園站3號出口直走約3分鐘路口右轉，再直走約3分鐘可到。

 三星商會舊址：地鐵327達城公園站4號出口直走約2分鐘。

 地鐵328西門市場站：從地鐵327達城公園站3號出口，直走約10分鐘可到。

焦點2

第一教會·醫療宣教博物館

제일교회 · 의료선교박물관

MAP P.59／B4

　　此處的第一教會為新址建物(舊址請參考焦點4)，位於基督教扎根大邱的青蘿山丘之上，旁邊的醫療宣教博物館原是傳教士住宅，展示以前使用過的醫療器材和文物資料。這裡中西合璧風格的舊院房屋，擁有獨特的氣氛，營造出浪漫異國情調，是大邱熱門的婚紗拍攝地。

第一教會
醫療宣教博物館

第一教會

DATA

醫療宣教博物館 ⊠대구시 중구 달성로 56(동산동) ⊙平日10:00～12:30、13:30～16:00，週六10:00～12:00，開放截止前1小時要入場 休週日 $免費

HOW TO GET THERE

Step 1 從西門市場大招牌處，沿地鐵3號線往新南站方向走約3分鐘，過馬路走對面巷子進去。斑馬線位置較前面，需折回一些，或由西門市場站內的穿越道過到對面。

地鐵3號線

Step 2 從巷子走進去約1分半鐘，左轉進停車場後再右轉往斜坡上走。

「近代路的旅行」標誌

Step 3 往上走約1分半鐘可到第一教會、醫療宣教博物館前。經過博物館後左轉直走可到第一教會前。不左轉繼續往走的幾棟房子，就是以前傳教士的住宅。

桂山聖堂

계산성당

MAP P.59 / C4

建於1902年，為朝鮮半島漢江以南最早的西洋哥德式磚結構建築，是慶尚北道地區的天主教中心。桂山聖堂曾為周邊地區的最高建築，現在雖然處於都市樓房之中，依然不減其指標地位。(詳細介紹請參考P.98)

HOW TO GET THERE

Step 1 從第一教會旁「3.1運動階梯」往下直走，經過觀光案內所再過馬路到對面，即可抵達桂山聖堂。

3.1萬歲運動路　觀光案內所　桂山聖堂

Step 2 面對桂山聖堂右轉順大路直走左彎，走約2分鐘的小弄口左轉。若面對桂山聖堂左轉，直走約2分鐘小路口右轉，可直接前往藥令市。

Step 3 左轉直走一下，可到桂山藝家，以及李相和、徐相敦故居。

桂山聖堂　桂山藝家　李相和故居　徐相敦故居

❶ 於1919年3月1日開始的抗日運動，這裡是學生們為躲避日本警察監視而經常走的小路。
❷ 小型展示館，展示與近代文化相關的影片和資料。
❸ 抗日詩人。
❹ 民族運動家。

焦點4

藥令市·舊第一教會
약령시·구 제일교회

MAP P.59／C3

大邱藥令市是朝鮮時代最大的藥材市場，延續著350年的傳統，街道兩旁都是販售韓藥材的店家，隨時都充滿著藥草氣味。藥令市街上的舊第一教會(新址請參考焦點2)，是大邱地區的基督教象徵建築，被選為大邱有形文化財。(詳細介紹請參考P.97、99)

HOW TO GET THERE

Step 1 從李相和、徐相敦故居中間左轉，直走一下、順路右彎，到路口再左轉。

李相和故居

徐相敦故居

知識充電站

嶺南大路(영남대로)

朝鮮時代連接漢陽(首爾)、東萊(釜山)之間幹線道路的嶺南路段，是人流、物流的交通要道。當時從東萊到漢陽的興禮門(南大門)約380公里，走路約需14天，大邱是其中重要的休息站。走進藥令市旁小巷，復古壁畫好似回到過去，經過小型傳統市場與糕點巷弄，再走到現代百貨後方，彷彿穿越古今，短暫走一回時間的旅行。

Step 2 直走約1分鐘到藥令市右轉。提早在小巷口右轉為嶺南大路。

往藥令市　往嶺南大路

Step 3 右轉藥令市直走，會經過舊第一教會，教會後面是藥令市韓醫藥博物館。

舊第一教會

藥令市韓醫藥博物館

鐘路・長巷弄

종로・진골목 P.59／D3

如同首爾的鐘路，大邱的鐘路也是以往城市裡最熱鬧的精華區，有很多餐廳店家，後因華僑小學設立，也成為華商的聚集地。一旁的長巷弄，以慶尚道方言「長」的意思命名，100多公尺的彎曲小徑，以前是有錢人的聚居處，從西洋式的紅磚建築，不難看出上個世紀的風華盛況；而現在的長巷弄則是有幾家低調的韓食餐廳，以及保留古早味的美都茶房(P.104)，有別於人聲鼎沸的大馬路，小巷弄的獨特魅力持續在這裡蔓延。

12鐘路上的銅像藝術作品

HOW TO GET THERE

Step 1 從P.63的Step3開始，沿藥令市走約5分鐘的路口左轉，直走一下的小弄口再右轉就是長巷弄。若在藥令市不左轉，繼續直走可往東城路商圈。

直走往東城路商圈

Step 2 右轉進長巷弄後，順彎左轉繼續直走。

Step 3 之後會經過舊式房屋的鄭小兒科(已改為他用)，再往前路口左轉。此路口若右轉可往東城路商圈。

鄭小兒科

右轉往東城路商圈

Step 4 左轉後直走，再順路左彎，到路口右轉回到鐘路上。

焦點6 慶尚監營公園

경상감영공원

MAP P.59／D2

「監營」類似中國古代的地方官衙，自從朝鮮中期慶尚監營(道級行政機構)遷到大邱後，大邱隨之快速發展，成為朝鮮半島的三大城市之一。公園內保留有當時的傳統建築，有時也會在此舉辦守衛交接和武術文化的免費演出(部分月分)，此外也是市區裡欣賞櫻花、秋景，平日散步休閒的好去處。(演出因疫情暫停)

HOW TO GET THERE

沿鐘路走3分鐘到十字路口(左斜對面是萬鏡館❶)，過馬路到對面繼續直走約1分鐘，可到大邱中部警察局、大邱近代歷史館，右轉直走一下即是慶尚監營公園。

萬鏡館 大邱中部警察局

大邱中部警察局 大邱近代歷史館

❶ 萬鏡館(만경관、MMC)是大邱最早的劇場，建於1922年，為舉辦各種集會和公演的大眾文化空間，韓戰時用作避難民收容所，整修翻新後成為電影院和宴會場所。(已改為樂天電影院)

知識充電站
國債報償運動紀念公園
2.28紀念中央公園

國債報償運動是在20世紀初，為抵抗日本統治，從大邱開始發起的全民捐款救國活動，而韓國的2.28事件則是發生在1960年，為對抗前總統李承晚的獨裁政權，由大邱學生發起的社會運動。為紀念這兩個重大事件，將東城路商圈附近的公園以此命名，除了平時乘涼散步，也推薦可來此欣賞秋景。

MAP 國債報償運動紀念公園(**MAP** P.113／F5)
MAP 2.28紀念中央公園(**MAP** P.113／E4)

焦點7 香村文化館

향촌문화관

MAP P.59 / D2

香村洞是20世紀初大邱藝術家們經常活動的區域。香村文化館於大邱最早的商業銀行「鮮南銀行」舊址設立，為展示1950年代韓戰時期文物的展示館，透過各種影音資料和舊街道重現，帶領大家認識20世紀前半的大邱近代歷史。(詳細介紹請參考P.114)

HOW TO GET THERE

請參考焦點6，經過慶尚監營公園繼續走到十字路口，左轉走約2分鐘可到香村文化館。此路口若直走可往東城路商圈。

地鐵中央路站4號出口

直走往東城路商圈

知識充電站

校洞市場(교동시장)

MAP P.59 / D2

東城路商圈和大邱火車站之間，因為大邱鄉校(公立學校)最早設立於此，所以用「校洞」為此區名稱。校洞市場是韓戰(1950～1953年)後大邱最重要的商圈，特別是以販售進口、軍用商品最有名，如今相較於東城路商圈的年輕流行，這裡的商品屬性較年長，除部分服飾店，也有幾家金飾店聚集，市場店家以白天營業為主，另有名為妖怪(도깨비)的夜市攤位(週末人潮較多)，雖然現在人氣不若東城路熱鬧，但巷弄裡的小吃美食，依然吸引著人們前往的步伐。

夜市因疫情暫停，恢復時間目前無法得知。

1 校洞市場的妖怪夜市，通常要週末假日才會較熱鬧 2 3 4 5 這裡的小吃店，以扁餃子和辣味魚糕為主 6 市場的傳統炸雞，價格更實惠 7 市場裡出售生活雜貨商品的店家 8 此排中間為夜市的攤位

焦點8

東城路

동성로

MAP P.59 / D3

　大邱最熱鬧的流行商圈，充滿青春與熱情的活力，很多人將這裡比喻成首爾的明洞，但又有那麼一些相異之處，年輕學生的音樂劇，街頭藝人的搞笑演出，還有不定時舉辦的各式活動，有別於吃喝玩買的獨特文化，是東城路最大的魅力所在。(詳細介紹請參考P.116)

HOW TO GET THERE

從香村文化館回到焦點7的十字路口，往東城路商圈方向過馬路，走約2分鐘的路口右轉，再直走約3分鐘過馬路即是東城路商圈。

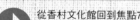

東城路商圈

在地人的購物休閒

大邱印象7

韓國的進口商品定價較高，如果要到韓國採買化妝、保養品和服飾類，建議以韓系品牌為主，此外大賣場的食品、生活用品，也是熱門伴手禮選項，還有韓國的蒸氣房，無論是過夜節省旅費，或是洗澡、搓澡、好好放鬆一下，也是很不錯的生活文化體驗喔！

｜玩｜家｜筆｜記｜

購物的實用韓文

■ 請多給我一些試用品。
샘플 많이 주세요.

■ 請問有_____嗎？
_____ 있어요?

■ 有其他的顏色嗎？
다른 색 있어요?

■ 買多一點有送贈品嗎？
많이 사면 증정품 있어요?

■ 可以試擦嗎？
발라 봐도 돼요?

■ 可以退稅嗎？
TAX FREE 되나요?

製表：Helena(海蓮娜)

☯ 服飾類、保養化妝品

東城路商圈、半月堂地下街，是化妝保養品店的密集街區，很多韓國品牌都在這兩處有分店。半月堂地下街另有服飾、生活雜貨店，東城路商圈則是除了主街上的連鎖品牌，小巷裡更是充滿許多有特色的個性服飾小店。

☯ 人蔘、韓藥相關商品

人蔘是韓國有名的滋補養身品，自用送禮兩相宜，部分大賣場、百貨公司設有專櫃，而大邱藥令市街上，亦有連鎖的人蔘品牌分店，或是可在藥令市博物館2樓，西門市場的批發店家，選購各種韓藥的相關商品。

伴手禮掃貨～大賣場、小超市

很多人喜歡逛韓國的超市賣場，這裡的韓貨，是真正韓國人日常生活中吃用的，不是刻意迎合觀光客的「包裝」產品。韓國的「折價賣場」（할인매장），類似台灣的家樂福、愛買，品項眾多、標價清楚，購物滿3萬W還可以退稅（部分商品、分店除外），更有各種試吃活動，是購買伴手禮不可錯過的好地方。可是有時旅程緊湊、沒空去大賣場，此時小超市也是不錯的選擇，雖然規模小、品項少、不能退稅，也沒有服飾和化妝品，但是有一般遊客喜歡買的食品類商品，可就近選購、節省時間。超市賣場分店資訊請參考下頁表格。

e-mart (이. 마트)

晚村店和七星店，雖然不在地鐵站旁，但是近周邊鬧區商圈，可搭計程車來往。

http store.emart.com

Home plus (홈플러스)

內唐店距離東城路商圈不遠，且就在地鐵站旁，亦是方便的選擇。其他部分地鐵站附近的分店，營業面積較小，品項也少一些。

http corporate.homeplus.co.kr

LOTTE Mart (롯데마트)

目前樂天超市在大邱有一家分店，栗下店雖然就在地鐵站的旁邊，但距離外國遊客的主要活動地區較遠一些。

http www.lottemart.com

TOP mart (탑마트)

以韓國東南部為主的地區連鎖賣場，雖然規模比其他連鎖賣場小，但大邱店位置近地鐵130／230半月堂站2號出口，對外國遊客來說，安排購物行程較為方便。

http www.etopmart.co.kr

Costco (코스트코)

持有台灣的會員卡(實體／APP)，可在韓國的分店，由本人最多攜帶2名親友一起入場，購物結帳時，不限定使用韓國好市多的聯名卡，海外信用卡只要和賣場配合的卡別(目前為Visa)相同即可使用。目前Costco在大邱有兩家分店，其中離市區比較近的，是慶北大學附近的大邱店，若從東城路商圈出發，搭計程車約15分鐘、車費約7,200W。

http www.costco.co.kr

超市購物注意事項

建議自備購物袋

因應環保限塑政策，韓國的大賣場不會免費提供塑膠袋，需要額外付費購買，通常以家用垃圾袋為主。從2020年1月1日起，以往多數賣場都有的自助打包台也可能撤除，僅保留自行取用廢紙箱，但不提供寬膠帶和塑膠繩，建議自備購物袋前往大賣場購物為佳。

連鎖大賣場公休日

為維護中小型賣場的生存空間，目前韓國的大型賣場，都有每個月各2天的義務公休日。

大邱地區目前的公休日為每月第二、四個「週一」，其他於元旦、農曆新年、中秋亦有可能休息，排購物行程時要多加留意。

增設自助結帳台

韓國的超市、賣場或商店，大都有增設自助結帳台，部分機器有外語介面，也多可刷海外信用卡。若在可退稅的店家消費，要辦退稅則需使用人工櫃台結帳。

■大賣場營業資訊

店名	分店	如何前往或位置	營業時間	電話
LOTTE Mart	栗下店(율하점)	地鐵142栗下站3號出口，連接樂天outlet	10:00～22:00	(053)607-2500
e-mart	晚村店(만촌점)	東城路站周邊搭計程車，車程約13分鐘、車費約6,300₩(MAP：P.133／D3)	10:00～22:00	(053)602-1234
	七星店(칠성점)	東城路周邊搭計程車，車程約6分鐘、車費約4,000₩(最近地鐵站326北區廳約步行15分鐘)	10:00～22:00	(053)609-1234
Home plus	內唐店(내당점)	地鐵227內唐站1號出口旁	10:00～24:00	(053)567-2080
	上仁店(상인점)	地鐵120上仁站2號出口直走6分鐘	10:00～22:00	(053)380-8000
	壽城店(수성점)	地鐵337黃金站面對出口外左側(只有1個出口)	10:00～24:00	(053)760-8000
Costco	大邱店(대구점)	慶北大學附近，從東城路周邊搭計程車，車程約15分鐘、車費約7,200₩。(MAP P.37)	09:00～22:00	1899-9900
TOP mart	大邱店(대구점)	地鐵130／230半月堂站2號出口，直走約4分鐘的社區地下一樓。(MAP P.96／C5)	10:00～23:00	(053)251-5000

製表：Helena(海蓮娜)

■小超市營業資訊

地區	分店	如何前往或位置	營業時間	電話
東城路商圈	大百超市(대백마트)	大邱站對面、東城路商圈旁；地鐵131中央路站3號出口直走約5分鐘的十字路口右轉，再直走約4分鐘(MAP P.113／E2)	08:00～24:00	(053)422-0333
東大邱站對面	pm超市(pm마트)	從地鐵135東大邱站2號出口左斜對面的大路口走約7分鐘(MAP P.133／C3)	24小時	(053)751-1190
	OK Point超市(OK포인트마트)	從地鐵135東大邱站2號出口左斜對面的大路口走約3分鐘(MAP P.133／C2)	24小時	(053)742-9889
東仁洞	OK超市(오케이마트)	近東仁洞辣蒸排骨街；地鐵133七星市場站3號出口對面右轉直走約7分鐘(MAP P.129／B4)	24小時	(053)428-5559

製表：Helena(海蓮娜)

體驗韓式三溫暖～蒸氣房、汗蒸幕

大邱是韓國蒸氣房最多的地區，但多數規模較小，或是只有三溫暖洗澡、不能過夜，也不一定有餐廳販賣部，比較像是澡堂，少有度假、享受的氣氛。

一般蒸氣房(찜질방、可過夜)入場費約10,000～13,000₩，使用時間約12小時，若只使用三溫暖(사우나、單洗澡)為5,500～7,500₩，搓澡按摩依內容不同約25,000～60,000₩，部分店家使用感應式鑰匙，場內消費會記帳在鑰匙裡，於離場時再一次結帳。

本書介紹3家24小時的蒸氣房，讓讀者可用較經濟的預算，簡單梳洗、有個過夜休息的地方，可搭配行程選擇。

旅遊小祕方！

使用蒸氣房注意事項

先用餐、再入場：大邱很多蒸氣房較小型，不一定有餐廳，有些甚至沒有販賣部，或是吃的東西選擇很少，建議先吃飽再入場為佳。

需自備的物品：攜帶慣用的小包裝沐浴用品，或是可在更衣室的櫃台購買。

鑰匙和貴重物品：可將置物櫃鑰匙套在手腕、腳踝上，若遺失務必立刻通知服務人員！特殊貴重財物建議詢問入口櫃台是否可另外保管。

注意身體狀況：常有溫差過大的情況，患有心臟病、高低血壓和飲酒後等需謹慎使用，一般人也請隨時注意身體狀況。

浴室的清掃時間：通常會在深夜1～5點的冷門時段，安排職員打掃浴室和泡湯池，此段時間可能無法洗澡泡湯。

|玩|家|筆|記|

蒸氣房的實用韓文

- T恤 / 티셔츠
- 肥皂 / 비누
- 短褲 / 반바지
- 牙膏 / 치약
- 毛巾 / 수건
- 搓澡 / 때밀이
- 毯子 / 담요
- 搓澡布 / 때밀이수건
- 鑰匙 / 열쇠
- 墊子 / 매트
- 鞋櫃 / 신발장
- 枕頭 / 베개
- 置物櫃 / 보관함
- 冷飲 / 시원한음료
- 廁所 / 화장실
- 熱飲 / 뜨거운음료
- 浴室 / 욕실
- 甜米露 / 식혜
- 睡眠室 / 수면실
- 汗蒸幕蛋 / 훈제란
- 男子 / 남자
- 梳子 / 빗
- 女子 / 여자
- 吹風機 / 헤어드라이어

- 可以幫我保管_____嗎？
  _____을 좀 보관해 주실 수 있어요?

- 請問清掃時間是幾點到幾點呢？
  청소시간이 몇시부터 몇시까지예요?

- 我要做這個項目。(指搓澡價目表)
  저는 이것으로 해 주세요.

製表：Helena(海蓮娜)

71

使用蒸氣房 Step by Step

各家蒸氣房的使用過程大致相似，少部分偶有差異，但不會相差太多，無需太過擔心！

STEP 1 櫃台付費

在櫃台付費，領取鑰匙、毛巾(每人1～2條)和蒸氣服(찜질복)，之後在入口處附近，找到和鑰匙上號碼相同的鞋櫃擺鞋子；部分店家是在浴室櫃台，憑收據領取毛巾和衣服。

STEP 2 前往更衣室和浴室

前往男女分開使用的更衣室和浴室。

STEP 3 使用置物櫃

到更衣室裡，找和鑰匙上相同號碼的置物櫃(開關不限次數)放個人物品，之後前往旁邊的浴室洗澡。

STEP 4 先洗澡

沐浴設備為大家一起共用的淋浴，請先洗澡之後，再使用泡湯和蒸氣室，或是可付費搓澡。除非要使用泡湯或蒸氣室，不然也可以離場前再洗澡，次數上沒有限制。

STEP 5 使用蒸氣房

換上店家提供的衣服，前往男女共用的蒸氣房(大廳)休息，可使用各種溫度和功能的蒸氣房土窯設備，也可在販賣部(매점)購買甜米露、汗蒸幕蛋。

蒸氣房 찜질방

蒸氣房最常見小吃：

甜米露(식혜)

汗蒸幕蛋(훈제란)

STEP 6 歸還鑰匙

在大廳內休息或過夜之後，回到更衣室換回自己的衣服，並拿取私人物品和鞋子，離開時將鑰匙還給櫃台的服務人員。

72

太平蒸氣房 태평찜질방

近東城路商圈、大邱站、地鐵中央路站，有區隔空間、較為獨立的睡眠山洞，適合班機、交通時間較特殊的旅人來洗澡休息。

DATA

📮大邱市 中區 太平路 177번지 B-1 ☎(053)252-2445 🕐24小時，日夜分段06:00～21:00 💲蒸氣房12,000₩(大人基準)，可入場使用12小時 ➡面對樂天百貨、大邱火車站，右轉走約2～3分鐘的地下1樓 🅼P.113/E1

Green Vill蒸氣房 그린빌 찜질방

近地鐵1、2號線交會的半月堂站，與東城路商圈亦相距不遠，有女性專用的睡眠室，早班機抵達大邱後，就可以直接前往洗澡補眠。

DATA

📮대구 중구 중앙대로67길 10 삼정그린코아 아파트 상가 지하 1층(남산동) ☎(053)427-6665 🕐蒸氣房(休息大廳)24小時。浴室05:00～24:00，其他為打掃時間 💲洗澡大人8,000₩、小孩5,000₩，蒸氣房大人15,000₩、小孩7,000₩，被子租借1,000₩/2件 🚇地鐵130/230半月堂站1號出口，直走約1分鐘路口右轉，再直走約1分鐘的社區B1 🅼P.96/C4

溫泉Elybaden 온천엘리바덴

大邱市內較大型的蒸氣房，結合游泳池和冬季泡湯的水世界，但離主要市區較遠，從地鐵站需轉搭公車或計程車來往。

DATA

🌐www.elybaden.com 📮대구시 달서구 상인서로 8-6(상인동) ☎(053)288-5000 🕐24小時 💲蒸三溫暖男性9,000₩、女性8,500₩，蒸氣房6小時15,000₩、12小時22,000₩(大人基準) ➡距離地鐵120上仁站約1.4公里，從4號出口搭計程車，車程約5分鐘、車費約3,300₩ 🅼封底裡

專題報導

在地深耕的棒球文化

大邱是韓國職棒KBO元老球隊「三星獅」的主場地，為了解決以往球場老舊的問題，球團與大邱市合作，共耗資1,841億韓幣，興建了這座採用美職MLB等級的八角不規則設計，號稱全場無死角、每個座位都能清楚觀看比賽，新穎且設備優質的棒球場，從2012年動工直到2016年完工，正式名稱為「大邱三星獅棒球場」(Daegu Samsung Lions Park)。

韓國職棒的應援特色，每個球員都有專屬的進場音樂和應援歌，從90年代開始的啦啦隊加油文化，由基本4～5位成員帶領球迷呼喊口號，而球賽中換局空擋時，還會進行由攝影機隨機take的舞蹈對決、Kiss-Time、快飲啤酒等活動，讓比賽的過程中，分分秒秒都無冷場。

設備新穎、美國職棒等級

大邱三星獅棒球場
Daegu Samsung Lions Park

DATA

🌐www.samsunglions.com ☒大邱市 수성구 야구전설로1 ☎(053)780-3300 🕒開賽前2～3個小時開始售票 💲啦啦隊前(블루존)席13,000W，內野指定席11,000W起、外野席位8,000W起，其他另有中央、附桌子的特殊席位，週末門票價格多2,000W ➡大邱地鐵238大公園站4、5號出口，出站即到 ⓘ三星獅棒球場的主場在3壘區 🗺封底裡

面對球場往右邊走，先看到的是入口安檢區，再往後走則是售票櫃台，往上則是球場入口。為了安全因素，韓國的棒球場會限制球迷攜帶入場的物品，首先玻璃瓶的酒類或飲料是絕對禁止的，容量超過1公升的瓶子也不行，太大的包包也在禁止之列，總之就是給安檢的工作人員看一下包包內的東西，如果有被禁止攜帶入場的物品，售票處旁有置物櫃可寄放。

目前韓國職棒，各隊售票網頁都是韓文版，或是只接受韓國發行的信用卡，一般外國人無法直接在網路購票，除非是特殊比賽，不然通常開賽前2～3個小時到現場櫃台買票就可以，啦啦隊前的區域雖然可能偏一點，但應該也還是會有位子。如果是代購到現場取票，可出示有預約號碼的簡訊與代購人的手機號碼，即可於現場窗口取票。

啦啦隊的加油熱區

韓國各棒球場，對於啦啦隊的加油熱區有不同名稱，若是要指定買這區的票，只要知道通稱關鍵字「치어리더」(cheer leader)就可以了。

實用韓文：
請問有啦啦隊那邊的座位嗎？
請給我＿＿＿＿＿張。
치어리더 저쪽에 자리 있나요？
＿＿＿＿＿장 주세요.

看棒球比賽吃什麼？

三星獅球場裡的內、外野和2樓餐廳區，設有多個攤位店家和便利商店，可以買到如炸雞啤酒、漢堡速食、韓式小吃、西式披薩……等多樣美食，2樓還設有用餐休息區，有些攤位店家還會跟你要座位號碼，餐點製作好直接送到座位，如果會說韓文，甚至能直接在座位上打電話叫餐點外送。

禁止攜帶入場的物品

為了安全因素，酒類和鋁罐、玻璃瓶、容量超過1公升的寶特瓶，禁止攜帶入場，未開封的寶特瓶飲料每人也僅限一個，若有需要可於球場內購買。

離開內野區記得帶球票

買內野門票入場，若要離開座位，去購物、上廁所時，請記得務必攜帶門票，冉回到座位區時須給工作人員看過即可進入。

日期　時間

座位區域、號碼

專題報導

大邱知名慶典

炸雞啤酒節

치맥페스티벌

圖片提供：韓國炸雞啤酒產業協會（한국치맥산업협회）

「**炸**」雞配啤酒」原本在韓國就很常見，近年經由韓劇明星加持，成為外國遊客來到韓國必定要品嘗的美食，大邱是韓國多家連鎖炸雞店的創業城市，因而促成這個熱鬧又好吃的夏日慶典。「炸雞」是韓戰後1970年代從美國引進的，當時生活窮困，牛、豬肉較昂貴，為了讓人民可用便宜價格吃到肉類，而開始在韓國發展；如今的炸雞啤酒衍伸出多種樣式口味，已不再只是吃飽，而是一種休閒文化的代表象徵，透過節慶的歡愉氣氛，結合周邊多樣表演活動、遊逛攤位，營造成熱鬧豐富的大型戶外派對，就是要讓你high到最高點！

炸雞啤酒節是在每年7～8月選一週舉辦，主會場設於頭流公園，炸雞攤販下午陸續開始，日落後人潮會越聚越多。公園內又分成好幾區，主要舞台是在棒球場，會邀請偶像歌手到場獻唱，裡面的戶外草坪區，可自備野餐墊席地而坐，享受野餐樂趣，會場內除了各家炸雞、烤雞攤販，還有不少小吃攤和手作活動攤位，建議先找好位置，再去把美食買回來和好朋友一起享用！

- 🌐 www.chimacfestival.com(有中文)
- 📞 (053)248-9997
- 🕐 每年7～8月選一週約5天，自下午起至22:00左右
- ➡️ 主會場設於頭流公園(P.145／B2)

專題報導

感受韓方藥材的健康和趣味

藥令市韓方文化慶典
약령시 한방문화축제

大邱自古以來，就是朝鮮半島東南部重要的交通轉運中心，朝鮮時代國家修築的「官道」，與最長的水路「洛東江」在此交會，雖然全國各地有多個藥令市，但由於如此的地理位置，從朝鮮時代中期開始，大邱的藥令市成為全國規模最大，流通／販售韓方藥材的重要市場，經由此處轉運的藥材，也會銷往世界其他國家地區。

大邱藥令市每年舉辦的韓方文化慶典，從開幕式、祈求健康平安的「告由祭」開始，由身著朝鮮時代服飾的官員，展開將藥材進貢給國王的儀式。熱鬧的慶典中包含多樣的體驗活動：試喝養身的韓藥雙和茶、添加韓藥方的頭皮精油護理、打製傳統口味的年糕、玩韓國傳統遊戲、試穿傳統韓服等。近年也陸續結合韓方藥材的創新商品，以人蔘、紅棗、五味子等製作的養生麵包，可愛的人蔘造型馬卡龍甜點，及五味子雞尾酒等，或是也能品嘗美味的人蔘雞料理。會場旁的韓醫藥博物館、韓方醫療體驗塔，可以體驗乾／濕足浴，讓傳統節慶也能有不一樣的創新玩法。

🌐 www.herbfestival.org
📞 (053)253-4729
🕐 4～5月擇一週末
➡️ 主會場設於大邱藥令市街

大邱
地鐵快易通

大邱地鐵系統

　　大邱的都市鐵道(도시철도)，就是所謂的地鐵(以下簡稱)，目前有3條路線，簡單不複雜，各路線有代表顏色，每站有專屬編號，容易辨識區分，車票採單程、單一價格計費(目前無1日、多日票)，即使不會韓文，也可以輕鬆玩遍大邱！

　　地鐵各路線營運時間大約是05:30～24:00，部分班次為區間運行，末班車有可能無法轉乘其他路線，若須在較早或較

旅遊小秘方！

地鐵3號線的魔術玻璃

　　高架路線的地鐵3號線，每當行駛到和建築物相近的路段，玻璃就會自動變成霧面，搭乘時不妨觀察一下這個特色喔！

晚時間搭乘,建議事先查詢車班情況。

地鐵線

1、2號線建設和通車時間較久,電梯、手扶梯數量偏少,不建議攜帶過大過重的行李搭乘,3號線於2015年通車,全程高架行駛,可以欣賞大邱市內景色。

旅遊小秘方!

地鐵站內的穿越道

為便利民眾利用地鐵站當天橋過馬路,地鐵328西門市場站設有站內穿越道,不用付費即可沿著中間黃色標示的綠底區塊走到對面;此外1、2號線的部分地鐵站,為了轉乘方便或走錯月台的民眾,亦會設置類似通道。

交通卡
교통카드

韓國兩大交通卡「T-money」「cash bee」卡,已經整合為全國互換(전국호환)、具有「One Card All Pass」標誌的全國通用卡,搭乘大邱地鐵和市內公車皆可使用,但須在便利商店購買、儲值,若從大邱機場入境,可在機場1樓大廳的GS25便利商店預先處理。

以上兩種卡別目前在大邱地鐵站內尚無法購買、儲值,雖然大邱地區有獨立的交通卡,但在韓國其他地方不能使用,因此仍建議以T-money、cash bee卡為主。

■大邱地鐵票價

類別	交通卡	單程票	備註
一般	1,250₩	1,400₩	1.進刷票閘口後,若超過2小時還未刷出,會追加一次基本費用。 2.請使用正確類別的票券,違者將罰款30倍。
青少年(13~18歲)	050₩	1,100₩	
小孩(6~12歲)	400₩	500₩	

■大邱交通卡銷售與儲值 (T:T-money卡、C:cash bee卡)

店家	銷售儲值	使用範圍
GS25便利商店	T卡、C卡	1.搭乘大邱的地鐵和市內公車。 2.部分商家、販賣機小額付費。
7-11便利商店	T卡、C卡(部分無售T卡)	
CU便利商店	T卡、C卡	
其他超商雜貨店、小票亭	請看店外張貼標誌	
大邱地鐵站內	目前皆無銷售、儲值	

新版T-money交通卡的一般基本卡(空卡每張售價2,500₩)

有提供購買、儲值T-money卡服務的店家標誌

新版cash bee交通卡的一般基本卡(空卡每張售價2,500₩)

有提供購買、儲值cash bee卡服務的店家標誌

交通卡優惠登錄

　　於便利商店購買小孩、青少年交通卡，向服務人員要求登錄使用者的出生年月日(생년월일)，即可使用優惠票價，部分便利商店可能因電腦連線問題無法提供登錄服務，購買前請先確認。

如何退還餘額

　　交通卡餘額未滿20,000₩，可於便利商店辦理退款，但須扣除500₩的手續費，購卡費用不退，卡片可自己保留，日後繼續使用；若餘額超過20,000₩，須寄回該卡片的總公司辦理，較不方便，因此不建議儲值過多金額。

| 玩 | 家 | 筆 | 記 |

交通卡的實用韓文

- 請幫我儲值
  충전해 주세요

- 請幫我退款
  환급 부탁드려요

- 請把交通卡還給我
  교통카드를 되돌려 주세요

- 交通卡無法使用
  카드가 안 돼요

- 小孩／青少年交通卡
  優惠登錄
  어린이／청소년 할인등록

- 出生年月日
  생년월일

兌換機操作解說 Step by Step

　　地鐵站售票機只收1千₩的紙鈔，可在旁邊的兌換機換鈔再購票。

交通卡的換乘優惠與便利

　　使用交通卡搭乘大邱的地鐵和市內公車，下車後30分鐘內，換乘不同交通工具可享免費優惠(須1人1卡)。同號線的地鐵和公車，換乘不能享有優惠。若要使用換乘優惠，下公車時要在後門再刷一次卡，之後轉乘地鐵才可享有優惠。雖然卡片基本費不一定能靠優惠全部賺回，但可節省購買單程票或準備零錢的時間，因此仍建議使用交通卡為佳。

地鐵注意事項

- 禮讓博愛座：韓國人認為年輕力壯、好手好腳的人不應該坐博愛座，若誤坐有可能被斥責，因此請盡量避免坐博愛座(尤其是車廂前後端的)；除了在每節車廂的前後端設置博愛座外，中段也會有幾個座位設成博愛座。

- 可以吃東西：地鐵站內可飲食，但以味道不太濃郁的點心、零食為主，避免帶進湯湯水水的食物。(但疫情後，即使口罩令已解禁，也很少看到有人在地鐵車廂內飲食。)

- 叫賣、募款：在地鐵車廂裡，可能會遇到叫賣或募款，若把商品或文宣發到手上，就先拿著，等對方發完後會再回來收，不用一開始就拒絕，是否購買或捐款也可隨意。

- 推行乾淨廁所：使用地鐵站的廁所時，衛生紙請投入馬桶沖掉，其餘如衛生用品的廢棄物則丟到垃圾桶。

- 廁所(화장실)位置：地鐵1、2號線多在刷票口外，但3號線多在刷票口內。

購買單程票

大邱地鐵是以每趟次收費，無須計算區間距離，購票機都有中文介面可輕鬆購票，唯須留意非優惠身分者不能使用優惠票價，購票時請選擇正確價格的車票！

STEP 1 選擇語言

點右上的「中國語」，切換至中文介面。

STEP 2 選擇票種

點右側票種選項，或是左下角可看路線圖。

地鐵1、2號線售票機操作解說
Step by Step

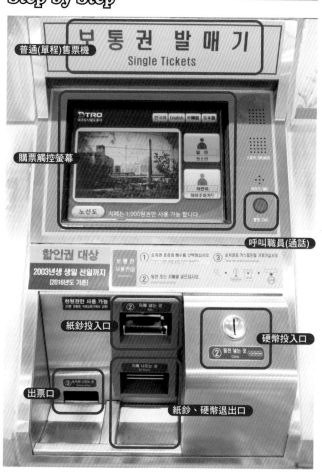

普通(單程)售票機

購票觸控螢幕

呼叫職員(通話)

紙鈔投入口

硬幣投入口

出票口

紙鈔、硬幣退出口

STEP 3 選擇張數

選擇要購買的車票數量。

STEP 4 投幣

確認購票內容，投放入1千W紙鈔或硬幣。

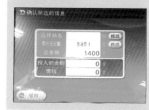

STEP 5 取票找零

購票完成，取回所購車票和零錢。

STEP 1 選擇語言

點下方的「中文」，切換至中文介面。

STEP 2 選擇票種

點右側票種選項，或是左下角可看路線圖。

STEP 3 選擇張數

選擇要購買的車票數量。

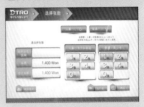

地鐵 3 號線售票機操作解說
Step by Step

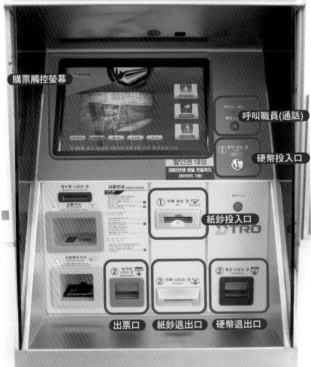

綜合自動售票機 통합자동발매기 Unity Automatic Ticket Vending Machine

購票觸控螢幕

呼叫職員(通話)

硬幣投入口

紙鈔投入口

出票口　紙鈔退出口　硬幣退出口

STEP 4 投幣

確認購票內容，投放入紙鈔或硬幣。

STEP 5 完成購票

購票完成，取回所購車票和零錢。

STEP 6 取票找零

出票、零錢口類似販賣機樣式，要伸手進去拿取。

搭地鐵撇步

車站有顏色、數字、中文可辨識

大邱地鐵每條路線都有代表顏色，每個地鐵站也都有專屬站編號，且多有中文可辨識，例如：

地鐵站外標示

地鐵站標誌

各語言站名

紅色是地鐵1號線的代表色

確認方向刷卡入站

大邱部分地鐵站的上下行月台分為兩邊、中間不相通，如果走錯須從對向再進站，因此刷卡入站前，請先確認要前往的方向，刷票口上方的指示牌，會標示出該方向列車前往的終點站或較大站，也有中文可辨識。

站內轉乘指標

地鐵站內有各種指標，指出轉乘路線方向，除了路線顏色指示，部分亦有中文標示，依指標走即可，無須太擔心迷路的問題。

月台上方標示

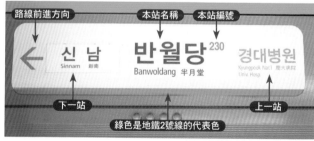

路線前進方向　　本站名稱　　本站編號

下一站　　　　　　　　　　　　上一站

綠色是地鐵2號線的代表色

車廂內字幕顯示、語音播報

1、2號線每站均有韓、英、中、日字幕顯示到達站名，3號線一般站只有韓、英文，但有附站編號，重要站會加中、日文。各線語音廣播以韓、英文為主，大站、重要站、轉乘站有中、日文，但外語播報時站名部分仍是韓語發音，建議可搭配月台指標來確認到達站。

刷票卡入站 Step by Step

搭乘地鐵前，請先確認要前往的方向，之後刷票入站；交通卡、單程票的入站感應處相同，出站時交通卡再感應一次，單程票投入回收，之後即可出站。

STEP 1 走綠色閘口

走綠色箭頭指示的刷票口。

STEP 2 感應交通卡

刷卡感應後，發出「嗶」一聲即可進出。

感應單程票

或是單程票入站感應(左)，出站投入回收(右)。

or

旅遊小秘方！

地鐵站注意事項

■ **130／230半月堂站**：大邱地鐵的重要交會半月堂站，1號線的上下行月台，跨越2號線、分成兩側方向，站內步行路線稍長，進站前先確認方向為佳。

■ **131中央路站**：本站為長型設計，若從最兩端的刷票口刷出，各只能分別往1、2號或3、4號出口，中間不相通，如果有需要到另一邊，可上樓梯到B1的地下街(刷票口是B3)，或是直接走路面街道前往。

地鐵站便利服務

■ **休息區**：地鐵1、2號線的刷票口外休息區(3號線無)。

■ **手機充電站**：位於刷票口外、服務窗口的手機充電站(3號線無)。

■ **飲水機**：地鐵站設置的飲水機，1、2號線多在刷票口外，3號線多在刷票口內。

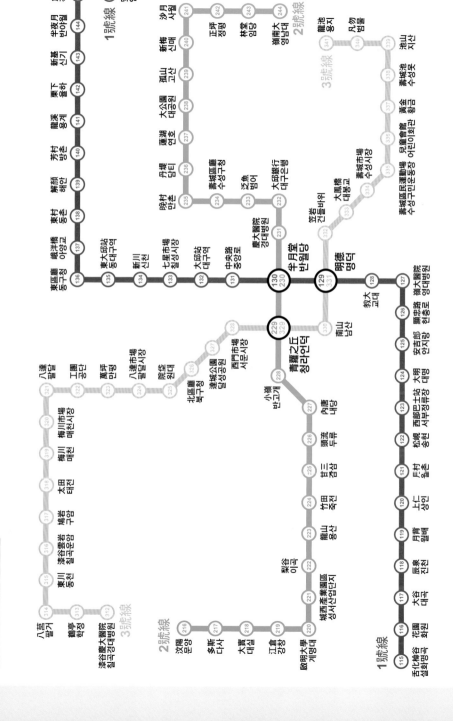

大邱地鐵路線圖

1 號線 2 號線 3 號線

搭地鐵玩遍
大邱

Daegu

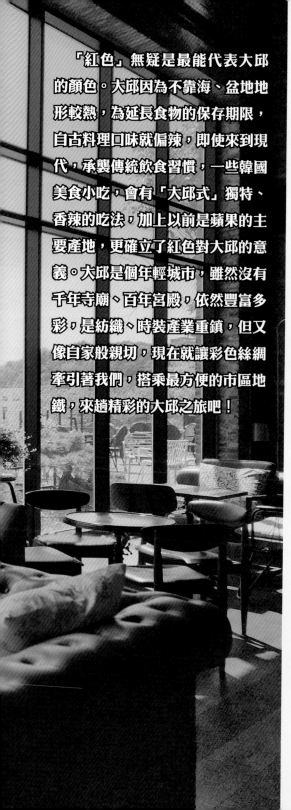

「紅色」無疑是最能代表大邱的顏色。大邱因為不靠海、盆地地形較熱，為延長食物的保存期限，自古料理口味就偏辣，即使來到現代，承襲傳統飲食習慣，一些韓國美食小吃，會有「大邱式」獨特、香辣的吃法，加上以前是蘋果的主要產地，更確立了紅色對大邱的意義。大邱是個年輕城市，雖然沒有千年寺廟、百年宮殿，依然豐富多彩，是紡織、時裝產業重鎮，但又像自家般親切，現在就讓彩色絲綢牽引著我們，搭乘最方便的市區地鐵，來趟精彩的大邱之旅吧！

大邱地鐵分站導覽

1號線

Line 1

大邱市內的休閒後花園

安吉郎站
안지랑역 (125)

松峴站
송현역
122

聖堂池站
성당못역
123

大明站
대명역
124

**安吉郎站
안지랑역**
125

顯忠路站
현충로역
126

嶺大醫院站
영대병원역
127

教大站
교대역
128

←舌化椧谷站 설화명곡역

안심역 **安心站**→

安吉郎站周邊街道圖

西部巴士站 서부정류장 [123]

1 4 2 3 [124] **大明站** 대명역

1號線 안지랑로

公車站牌（上車，往前山公園方向）

公車站牌（下車，前山公園回地鐵站）

1 4 2 [125] 3 **安吉郎站** 안지랑역

公車站牌（下車，前山公園回地鐵站）

[126] **顯忠路站** 형충로역

安吉郎烤腸街 안지랑곱창거리

豬博士烤腸 돈박사곱창막창

前山咖啡街 앞산카페거리

公車站牌（下車，前山公園往咖啡街）

雪冰 설빙

公車站牌（上車，往前山公園方向）

星巴克 스타벅스

星巴克 스타벅스

前山日落展望台 앞산해넘이정망대

公車站牌（往安吉郎站方向）

公車站牌（往前山公園方向）

公車站牌（往前山公園方向）

a.nook 前山 아눅 앞산

公車站牌（往安吉郎站方向）

公車站牌（往安吉郎站方向）

前山循環(櫻花)路 앞산순환(벚꽃)로

公車站牌（往前山公園方向）

앞산순환로

前山公園、前山纜車、展望台 앞산공원、앞산케이블카、전망대 往

北

本站站名來自前山的安吉郎谷。相較於另一知名的八公山，廣義的前山公園由多座小山組成，鄰近市中心住宅區，最高海拔僅約660公尺，因此成為大邱人喜歡的日常休閒去處，無論是步行登山或是搭乘纜車，登上展望台欣賞大邱市內景色，比大邱塔上的視野更為開闊。此外，有著閒適氣氛的前山咖啡街和銀杏路，聚集著特色咖啡店和西餐廳，以及越夜越熱鬧的安吉郎烤腸街，都讓前山公園周邊更為豐富充實。

圖片提供／大邱觀光情報中心

大邱地鐵：1號線 安吉郎站 ↓ 半月堂站 ↓ 中央路站 ↓ 七星市場站 ↓ 東大邱站

89

遊賞去處 **DATA**

最佳俯瞰大邱市區全景
前山纜車、展望台
앞산케이블카、전망대

MAP P.89／D3
出地鐵站、公車
+步行約40分鐘

🌐www.apsan-cablecar.co.kr ✉대구시 남구 앞산순환로 574-87(대명동) ☎(053)
656-2994 🕐纜車頭班10:30、末班隨季節不同，平日到18:30～19:30、週五～
日、假日到20:00～22:00，每5～15分鐘一班，可能因氣象狀況而有變更 💲大人
往返12,000₩、單程8,000₩，小孩(4歲～小學生)往返8,000₩、單程6,000₩，憑
觀光巴士當日車票可打8折 ➡參考右頁的Step by Step ⓘ確認末班纜車時間；
山上氣溫較低，請準備合適衣物

　「前山公園」以前山為主的4座小山組成，地處市區、交通方便，是登
山健行的好選擇，或是搭乘纜車輕鬆欣賞周邊景色。登上海拔510公尺
高的展望台，可以觀看大邱市區全貌，連遠方的八公山、洛東江也一起
納入，白天前往身心舒暢，夜幕低垂也頗為浪漫，若適逢櫻花盛開、秋
景紅黃之時，則更為豐富多彩，建議可參考P.28的日落時間，規畫在日
落之前上展望台，將日、夜景一次打包喔！(部分圖片提供／大邱觀光情報中心)

往「前山展望台」Step by Step

從地鐵125安吉郎站前往,除了搭公車+步行,亦可從2號出口搭計程車,車程約10分鐘、車費約4,500₩,由Step2前山公園入口往上開到纜車站,回程不好叫車,請搭公車下山。依現場情況,公園入口管理人員有權決定是否讓車輛開上山。

Step 1 地鐵125安吉郎站4號出口直走前方的公車站牌,搭410-1號公車,約12分鐘在終點站停車場下車。如果是從前山咖啡街出發,可搭600、750號公車(車程約10分鐘)。

Step 2 走到路邊,往原車行方向(往上)走約6分鐘,進前山公園後走一下往左轉,走到岔路口再右轉往斜坡上走。

下車位置

Step 3 之後會經過**洛東江勝戰紀念館**(낙동강승전기념관),戶外有展示飛機、坦克車。

洛東江勝戰紀念館

Step 4 繼續往上走,從Step3開始約10~15分鐘可到纜車站。在1或2樓購票、2樓搭乘。

纜車站

Step 5 纜車車程約6分鐘,下纜車到候車室往右邊走約6分鐘可到展望台。

암산전망대
앞산 Observatory
200m →

Step 6 回程到Step1公車總站裡的站牌,搭410號公車❶往地鐵125安吉郎站。如要往前山咖啡街、安吉郎烤腸街,另可搭600、750號公車(車程約10分鐘)。

地鐵安吉郎站

❶ 410-1和410號公車各為循環路線,回程請留意勿搭錯方向。

遊賞去處

DATA

就近登高欣賞市區景色

前山日落展望台
앞산해넘이정망대

MAP **P.89／A3**

大明站2號出口
步行約12分鐘

http nam.daegu.kr/tour ✉大邱 南구 대명동 1501-2 📞(053)664-2783 🕘09:00
～22:00 ➡1.地鐵124大明站2號出口前路口左轉，直走約12分鐘可到。2.
從地鐵125安吉郎站或大邱市區，可搭410-1公車前往

　　如果覺得搭纜車上前山展望台太遠，不如就來這裡走走。
「日落展望台」位於大邱前山循環路上，是近年新落成的景點，
以大邱紡織業、織造衣服為設計概念，走在猶如服飾伸展台、通
往展望台的環繞斜坡步道上，可以登高欣賞大邱市區的景色，周
邊是大邱美食餐廳和咖啡店的聚集地，雖然名稱是「日落」展望
台，但也很推薦白天前來。

特色美食

DATA

有美景襯托的美味自製麵包

a.nook前山
아눅 앞산

MAP **P.89／C3**

3號出口搭計
程車約5分鐘

IG a.nook ✉大邱 南구 앞산순환로459(대명동) 📞0507-1422-1060
🕘10:00～22:00，早午餐供應到17:00，最後點餐21:00 💲早午
餐12,000～17,000₩，麵包飲料約3,500～10,000₩ ➡參考P.26
實用手機APP，搭公車或計程車前往，若從地鐵125安吉郎站出
發，搭410-1公車約15分鐘，搭計程車約5分鐘 🛈每人低消點一
樣餐點或飲料

　　大邱前山循環路上雙層老屋的熱門網紅咖啡店，不只
是櫻花季，就連其他季節的週末假日，通常也是一位難
求，但這裡不只是有美麗好拍照的外表，從改良製作麵
包的材料開始，到發酵麵團、送入烤箱，木製架上和早
午餐使用的麵包，都是店內當天現烤，其中最主打的是
多款特色貝果，此外也特別去尋找精選咖啡豆，努力打
造跨越良好空間的健康飲食文化。

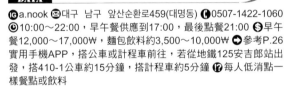

豬博士烤腸
돈박사곱창막창

特色美食

大邱風味的下酒良伴

DATA

MAP P.89 / C2
3號出口
步行約9分鐘

📧 대구 남구 대명로36길 79-1(대명동) 📞 0507-1316-1855
🕐 15:00～翌日01:00，週六日12:00開始，最後點餐24:00
🚫 每月第1、3個週日 💲 單點每份9,000～17,000₩，套餐
31,000₩起 🚇 地鐵125安吉郎站3號出口，直走約3分鐘右
轉，再直走約6分鐘左邊 ℹ️ 須點2份以上，可1人用餐(但不
建議)；可利用P.47實用韓文確認豬或牛

韓國的烤腸文化，起源於提供實惠的下酒菜，三五
好友圍著爐火喝酒聊天，此時，香氣四溢的烤腸就是
最佳良伴，時間越晚，氣氛就越是熱鬧。大邱的安吉
郎烤腸街約500公尺，聚集提供烤小腸、大腸頭、雞
心、三層肉的店家，各家菜色差異不大，皆可使用本
頁的翻譯菜單。「豬博士烤腸」位於後段街口附近，
從前山下來後，順路來吃很方便，建議將腸子稍微烤
焦一些，較可去除油膩感，更能越嚼越香喔！

Menu

豬博士烤腸菜單

- ☐ 小腸 / 곱창
- ☐ 大腸頭 / 막창
- ☐ 雞心 / 염통
- ☐ 三層肉 / 삼겹살
- ☐ 綜合 / 모듬
- ☐ 泡菜鍋 / 김치찌게
- ☐ 大醬湯 / 된장찌게
- ☐ 蒸蛋湯 / 계란탕
- ☐ 煮泡麵 / 라면
- ☐ 大腸頭＋小腸＋雞心 (大) / 막창 + 곱창 + 염통
- ☐ 大腸頭＋小腸 (中、小) / 막창 + 곱창
- ☐ 米飯 / 공기밥
- ☐ 燒酒 / 소주
- ☐ 啤酒 / 맥주

1 安吉郎烤腸街入口 **2** 豬博士烤腸店外 **3** 可用生菜包
著烤腸一起吃 **4** 除了烤腸和大腸頭，也有三層肉可選擇
5 烤腸是最佳的下酒菜 **6** 蒸蛋湯

1號線

Line 1

市中心的熱鬧交會、百年風華

半月堂站
반월당역 (130 / 230)

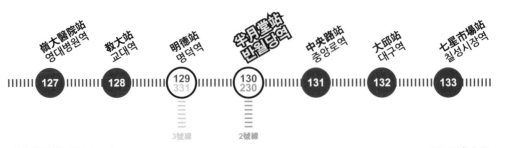

嶺大醫院站 영대병원역	敎大站 교대역	明德站 명덕역	半月堂站 반월당역	中央路站 중앙로역	大邱站 대구역	七星市場站 칠성시장역
127	**128**	129 331	130 230	**131**	**132**	**133**
		3號線	2號線			

←舌化椧谷站 설화명곡역　　　　　　　　　　　　　　　　　안심역 安心站→

大邱達人 *Daegu*
3大推薦地

👍 遊客必訪

半月堂地下街

　　位於市區地鐵路線的交會中心，聚集化妝保養品、各類服飾和生活雜貨等的店家，是逛街好去處。(見P.100)

👍 作者最愛

桂山聖堂

　　大邱最早、已有百年歷史的西洋建築，朝鮮半島第三座哥德式磚造聖堂，是大邱最知名的教堂之一。(見P.98)

👍 在地人推薦

大樹之家蔘雞湯

　　以韓國土雞、多種韓藥材和穀物果實製作，招牌是湯較少、較濃的乾燉人蔘雞，口感同樣鮮嫩入味。(見P.101)

　　大邱地鐵1、2號線的交會，從朝鮮時代開始就是重要的商業中心之一，有名的藥令市街道，美麗的西式建築桂山聖堂、舊第一教會，到熱鬧的現代地下商街和百貨公司，此處有著融合古今、穿越時空的百年風華，值得慢步遊逛、細細品味。半月堂站的藥令市，與東城路商圈無明顯界線區隔，和西門市場之間的景點亦距離相近，可參考印象篇「市中心繁華區」步行路線，安排一起參觀，此外附近的特色壁畫街區金光石路，亦是散步拍照的好去處。

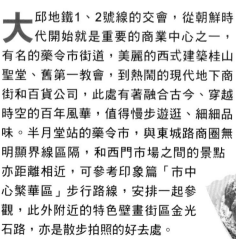

半月堂站周邊街道圖

近代胡同豆沙麵包
근대골목단팥빵

Bomgoro民宿
봄고로 게스트하우스

共感民宿
공감게스트하우스

中央路站
중앙로역

中和飯店
중화반점

韓醫藥博物館
한의약박물관

中城民宿
미드타운 호스텔

三松麵包
삼송빵집

長巷弄
진골목

藥令市
약령시

藥廛
약전

星巴克 大邱鐘路古宅店
스타벅스 대구종로고택점

每日新聞
매일신문사

咖啡名家
커피명가

舊第一教會
구 제일교회

大樹之家
큰나무집

韓方醫療體驗塔
한방의료 체험타운

美都茶房
미도다방

東城路
동성로

兩餐年糕鍋
吃到飽

桂山聖堂
계산성당

嶺南大路
영남대로

巨松
거송

東城路觀光案內所
동성로 관광안내소

美進粉食
미진분식

東横inn 東城路店
토요코인호텔동성로점

往青蘿之丘
(醫療宣教博物館)
청라언덕(의료선교박물관)

咖啡名家
커피명가

Money Box換錢所
머니박스 환전소

龍井飯店
용정반점

崔家蛋糕
최가네케익

往ELDIS飯店
엘디스 호텔

現代百貨
현대백화점

東亞百貨
동아백화점

TARR TARR
타르타르

新南站
신남역

2號線

Bbadaroll
Pain France
빠다롤빵프랑스

半月堂地下街
반월당 지하상가

南山麵包所
남산제빵소

半月堂站
반월당역

Greenvill蒸氣房
그린빌 찜질방

花林菜包肉
화림보쌈

天主教大邱大教區廳
천주교대구대교구청

TOP mart
탑마트

SONO休閒屋
캐주얼하우스 소노

明德站
명덕역

往大邱鄉校
대구향교

96

E   F

2.28紀念中央公園
2.28기념중앙공원

中央辣炒年糕
중앙떡볶이

金剛部隊鍋
킹콩부대찌개

美進粉食
미진분식

Spark Land
스파크랜드

國債보상로

國債報償運動紀念公園
국채보상운동기념공원

Hotel LABELLA
호텔 라벨라

공평로

什麼？三層肉
머꼬? 삼겹살

SWEET AND
스위트앤드

2號線
달구벌대로

231

BRICK 62
브릭62

鳳山文化街
봉산문화거리

慶大醫院站
경대병원역

공평로

北

E   F

遊賞去處

慶北地區最早的基督教會

舊第一教會
구 제일교회

DATA

MAP **P.96 / B2**

18號出口
步行約6分鐘

🌐 www.firstch.org ✉ 대구시 중구 남성로 23 ☎ (053)254
-5441 🕐 平時內部不開放，外部可參觀拍照 💲 免費 ➡
參考P.99，位於藥令市博物館前，或參考P.63焦點4站

　　位於南城路藥令市街上，是有著120多年歷史
的美麗磚牆建築。第一教會設立了大邱最早的西
洋式醫院「濟眾院」❶，以及第一所私立小學，對
大邱的近代化貢獻卓著，隨著教會遷往青蘿山
丘新址之後，舊建築改為基督教歷史館，收藏許
多教會初期的文物設備，但內部平常沒有對外開
放，配合大邱市的特別活動才可入內參觀。

❶ 濟眾院為現在大邱西門市場對面、新第一教會旁的
　東山醫療院前身。

1 舊第一教會的紅磚建築外觀 **2** **3** 歷史館內收藏的教會
相關文物

遊賞去處
DATA

慶北地區天主教的中心
桂山聖堂
계산성당

MAP P.96／A2
18號出口
步行約8分鐘

🌐 www.kyesan.org ✉ 大邱市中區西城路10(계산동) ☎ (053) 254-2300 ⏰ 平日14:00～17:00、週末13:00～15:30，外觀可隨時參觀 💲 免費 🚇 地鐵130／230半月堂站18號出口直走約5分鐘到大路口，沿路右彎再走約3分鐘，或參考P.62焦點3站 ⓘ 婚、喪禮時謝絕內部參觀

　西元1902年完工，為大邱最早的西洋式建築，也是繼首爾的明洞聖堂、平壤的館後里聖堂，朝鮮半島第三座哥德式的磚造西洋教堂。位於舊大邱邑城外，曾是周邊最高的建築，教堂形狀為拉丁十字形，有兩個對稱的8角型尖塔，正門內上方有大型管風琴，兩旁的彩繪玻璃窗，還描繪著韓國傳教士的畫像。此處是韓國前總統朴正熙和夫人陸英修女士的結婚教堂，也是大邱最知名的教堂之一，無活動時歡迎參觀內部，但是記得要保持肅靜喔！

1拉丁十字型的外觀 **2 3**沒有活動時，教堂內部開放參觀 **4**桂山聖堂的夜景

MAP P.96／A1、B1
18號出口
步行約7分鐘

遊賞去處

DATA

韓國歷史最悠久的藥材專門市場

藥令市、韓醫藥博物館
약령시、한의약박물관

http dgom.daegu.go.kr 📧大邱市 中區 達句伐大路 415길49 ☎(053)253-4729 🕐09:00～18:00(最後入場17:30)；體驗活動10:00～12:00、14:00～17:00(假日到16:00) 🚫週一、元旦、春節、中秋 💰博物館、室外足浴免費，各種體驗3,000～5,000₩🚇地鐵130／230半月堂站18號出口直走約2分鐘到巷口，右轉再直走約4分鐘到藥令市，左轉再直走約1分鐘可到舊第一教會(P.97)，教會後面為韓醫藥博物館，或參考P.63焦點4站 💡**1.**部分體驗須事先準備，到達後先往2樓告知服務人員。**2.**附近新開的韓方醫療體驗塔，有部分相同的體驗設備

　「藥令市」意指「國王下令開設的藥材市場」，朝鮮時代大邱進貢的藥材治癒孝宗的疾病，之後為了藥材流通，在各地開設專門市場，其中大邱藥令市最有名，一開始是在春秋兩季開市，後成為常設市場。可藉由博物館內各種文史資料，了解韓醫藥的發展，1樓是藥材批發市場，2樓可體驗韓藥足浴、製作肥皂香包、試穿傳統服裝，及試喝韓藥茶和購買相關商品，每年5月初舉辦的藥令市文化節，有更多的體驗項目，是大邱最知名的慶典活動之一。

1室外的免費足浴湯 **2**博物館外觀 **3**在2樓販賣部旁可試喝韓藥茶 **4**付費韓藥足浴體驗 **5**內部展示的人物模型 **6**藥令市的象徵：藥壺、藥包和形象娃娃 **7**藥令市街上的韓藥店家

購物血拼

市中心最熱鬧的室內商區
半月堂地下街
반월당 지하상가

DATA

MAP **P.96／C3**

和地鐵站出口
連通前往

🌐 www.metrocenter.co.kr ☎(053)428-8900 ⏰各店家不同，中午～22:00前往為佳 休每月第1個週一 ➡地鐵130／230半月堂站連通前往

　　原名為Metro Center，因為跟地鐵站連通，所以大多直接稱為半月堂地下街。沿著地鐵2號線半月堂站的長形範圍，是大邱最熱鬧的地下商街，主要範圍是B2層，中間B1夾層有飯捲天國等幾家餐廳。化妝保養品、流行服飾等多集中在中間圓形區域，兩側以各類生活雜貨為主，地下街出口亦可前往市區多個景點、百貨公司，是除了東城路外，大邱市內主要的逛街商區。

半月堂地下街地圖

14 往三星生命(삼성생명)大樓
15 往藥令市(약령시)
16 往東亞百貨(동아백화점)
18 往現代百貨(현대백화점)

1 3 4 除了必備的化妝保養品，這裡也有女裝服飾可逛 2 地下街中間的圓形區塊 5 可藉由地下街通往部分景點

```
  15          14 半月堂炸雞  13
18  17  16     반월당닭강정   12          11  10
     往B3地鐵1號線搭乘處、  飯捲天國  往B3地鐵1號線搭乘處、
     「舌化椧谷」(설화명곡)站方向  김밥천국  「安心」(안심)站方向
19  20                              5        8   9
            21  22      4        6   7
```

↓ 往地鐵1號線搭乘處(雙向)

地下街平面為B2，飯捲天國在中間圓形區B1

地鐵2號線

3　　　　　　　　　4　　　　　　　　　5

100

特色美食

乾燉人蔘雞招牌最推薦

大樹之家 藥令市店
큰나무집 약령시점

DATA

MAP P.96／B2

18號出口
步行約7分鐘

🌐www.bigtreehouse.co.kr ✉대구시 중구 남성로 51-6(동성로3가)2층
📞(053)256-0709 🕐11:00～21:00，最後點餐20:00 🈺元旦、春節、中
秋 💲乾燉人蔘(약백숙)、蔘雞湯(삼계탕)15,000₩，鮑魚蔘雞湯(전복
삼계탕)19,000₩ ➡參考P.99藥令市、韓醫藥博物館，在舊第一教會旁
2樓 🈯可1人用餐；點餐後製作，須等約半小時，建議避開用餐尖峰，
或可先電話點餐再前往。大人每位請點1份餐點

蔘雞湯是韓國知名的補身料理，
多是預先燉煮，點餐後再連湯一起
用砂鍋盛裝上桌，來到藥令市，不
妨吃點不同的吧！「大樹之家」是
大邱知名的蔘雞湯店，使用韓國產

土雞，搭配多種韓藥材和穀物果實，先處理好食材，點餐後
再用快鍋燉煮。這裡最熱門的餐點，是湯較少、較濃的乾
燉人蔘雞(附糯米雞粥)，口感同樣鮮嫩入味，如果要點蔘雞
湯，因為糯米飯是每次單獨煮，需點2份以上一起製作才不會
燒焦，兩種各有美味特色，就看大家的喜好囉！

1店面外觀(位於2樓) 2蔘雞湯 3乾燉人蔘
雞

特色美食

平價辣蒸排骨好選擇

MAP P.96／B2

18號出口
步行約3分鐘

巨松
거송

DATA

✉대구시 중구 남성로 103-2 📞(053)424-3335 🕐11:00
～16:00、17:00～21:00，最後點餐20:20，售完會提早
打烊 🈺元旦、春節、中秋 💲牛排骨19,000₩、豬排骨
12,000₩ ➡地鐵130／230半月堂站18號出口往回到巷
口左轉，直走約2分鐘到藥令市路口左轉，再走一下的左
邊 🈯可1人用餐

大邱最有名的下飯好味辣蒸排骨，大多數店
家是一次要點2份，雖然量也不是太多，但對部
分獨自出遊的人來說，還是稍嫌有負擔，此時開
在藥令市的「巨松」就是不錯的選擇，使用豬排
骨、豬肉製作，可以單點1份、調整辣度(可利用
P.47實用韓文)，白飯小菜自助吃到飽，價格相對
實惠，但是店面較小、座位不多，建議避開用餐
尖峰前往，較不用花時間排隊喔！

1單點1人份的辣蒸排骨 2店家外觀 3可用芝麻葉或酸蘿
蔔片包著肉一起吃

專人代烤輕鬆吃餐

特色美食

什麼？三層肉
머꼬？삼겹살

MAP P.97／E2

10號出口
步行約6分鐘

DATA

📮대구 중구 동성로3길 32-43 1층(삼덕동1가) 📞0507-1480-3789 🕐15:00～翌日01:00，最後點餐00:00 💲2～3人套餐38,000₩起，肉品單點11,000₩起 🚇地鐵130／230半月堂站10號出口，直走約1～2分鐘往左迴轉，直走一下巷口右轉，直走約2～3分鐘巷口右轉，再直走約1分鐘左手邊 ℹ️**1.**有英文菜單或圖示。**2.**可1人用餐，但需點2～3人份餐點

　　東城路商圈靠邊的「2030巷弄」，意思是20～30歲年輕人常來的地方，聚集了營業到深夜的美食店和夜店。「什麼？三層肉」是這巷子裡第一家烤五花肉的專門店，使用店內特製的多口味醬料醃漬肉品，增添五花肉不同的口感風味，肉品分為韓國產／進口肉兩種，單點或套餐皆可，亦有稀有牛肉部位可選擇，全程有店員代烤肉，還能索取大塑膠袋把衣物放進去，避免沾染烤肉味，就來放心輕鬆的吃烤肉吧！

不用去海邊，就能品嘗海味醬蟹

特色美食

西海生醃醬蟹家
서해게장집

MAP 封面裡

泛魚站2號出口
步行約2分鐘

DATA

📮대구 수성구 달구벌대로 480길 28 (범어동) 📞(053)755-6888 🕐11:30～21:30，最後點餐21:00，午休15:00～17:00 💲綜合套餐(2人份)68,000₩、生醃龍蝦＋蟹肉炒飯39,000₩、焗烤龍蝦＋蟹肉炒飯45,000₩，單點／個人套餐13,000～18,000₩ 🚇地鐵233泛魚站2號出口直走一下路口左轉，直走約1分鐘巷口右轉，再直走一下的右手邊 ℹ️另有單點定食可選擇

　　「生醃醬蟹」是很多外國遊客到韓國時，想要品嘗美味的口袋名單，可能因為大邱不靠海，讓大家覺得沒海鮮可吃，但現在低溫運輸發達，在大邱市區也能就近吃到醬蟹。地鐵泛魚站附近的「西海生醃醬蟹」，使用從韓國延坪島空運而來、內容充實飽滿的魚子醬蟹，讓饕客不用遠去韓國西海岸，在東邊內陸的大邱市內，也可以吃到美味實惠的生醃醬蟹，以及鮮蝦、鮑魚、生魚片。

Menu

西海生醃醬蟹家菜單

- ☐ 綜合套餐／모둠 스페샬
- ☐ 魚子花蟹／알배기꽃게
- ☐ 辣醬醬蟹／양념게장
- ☐ 生醃龍蝦／간장 바닷가재
- ☐ 焗烤龍蝦／바닷가재 치즈구이
- ☐ 鮑魚粥／전복죽
- ☐ 炸大蝦／새우튀김
- ☐ 辣醬生醃蚵／어리굴젓
- ☐ 生醃鮭魚／연어장
- ☐ 生醃鮑魚／전복장
- ☐ 生醃醬蝦／새우장

特色美食

一人份套餐輕鬆吃

龍井飯店
용정반점

MAP P.96 / D2

12號出口
步行約3分鐘

DATA

📧 大邱 中區 中央大路 376-16(德山洞) 📞 0507-1327-81
18 🕐 10:30～20:30，最後點餐19:30 ⏸ 週日 💲 單點
5,000₩起、套餐11,500₩起 🚇 地鐵130 / 230半月
堂站12號出口前巷口左轉，直走約1～2分鐘小弄口
右轉，再直走一下右手邊 ⓘ 可1人用餐，每人需點一
份，周邊地區可外送

　經由韓劇的強力推波，「韓式中華料理」的
黑嚕嚕炸醬麵、炒碼麵和糖醋肉，是很多遊客
來韓國玩的必吃料理，大邱在地最特色的，還
有韓式炒烏龍麵，然而韓國料理的分量通常很
多，不僅讓人有選擇困難，每種都單點一整份
也很難吃完。

　「龍井飯店」位於地鐵半月堂站的小巷弄
裡，雖然位置有些隱密，但分量十足的麵飯餐
點，以及口感不會過硬的糖醋肉，仍然吸引很
多大邱在地人前往用餐。這裡最貼心的是，還
有提供雙拼個人套餐，例如：炸醬麵＋小份糖
醋肉，價格比單點還優惠，也更能輕鬆一次吃
到兩種美味。

Menu

龍井飯店菜單

套餐 (세트)
- ☐ 糖醋肉＋炸醬麵 / 탕수육 + 짜장면
- ☐ 糖醋肉＋炒碼麵 (辣湯麵) / 탕수육 + 짬뽕
- ☐ 糖醋肉＋炒飯 / 탕수육 + 볶음밥
- ☐ 糖醋肉＋炒烏龍麵 (辣炒麵) / 탕수육 + 야끼우동

單點 (식사)
- ☐ 牛肉炸醬麵 / 쇠고기짜장
- ☐ 牛肉「乾」炸醬麵 (炸醬另外裝) / 쇠고기간짜장
- ☐ 炸醬飯 / 짜장밥
- ☐ 炒碼麵 / 짬뽕
- ☐ 炒碼飯 / 짬뽕밥
- ☐ 海鮮辣炒烏龍麵 / 해물야끼우동
- ☐ 海鮮加辣炒碼麵 / 해물고추짬뽕
- ☐ 海鮮鐵盤炸醬麵 / 해물쟁반짜장
- ☐ 炒雜菜飯 (粉絲＋炸醬) / 잡채밥
- ☐ 蝦仁炒飯 / 새우볶음밥
- ☐ 蛋包飯 / 오무라이스
- ☐ 炒飯 / 볶음밥
- ☐ 糖醋肉 / 탕수육
- ☐ 炸豬排 / 돈까스

特色美食

回憶過去的老式情懷

美都茶房
미도다방

DATA

MAP P.96 / C2

15號出口
步行約4分鐘

✉대구시 중구 진골목길 14 ☎(053)252-9999 ⏰09:30～22:00 💲飲料各2,500～5,000₩，餅乾每桌一盤免費 ➡參考P.64焦點5站，或是：**1**.地鐵130／230半月堂站15號出口直走約2分鐘，右邊對面小弄口進去走約1分鐘；**2**.地鐵131中央路站1號出口直走約3分鐘巷口右轉，直走約1分鐘弄口左轉再走一下 ❓店內稍有未成年人不宜的布置

Menu

美都茶房菜單

☐ 雙和茶／쌍화차 ☐ 葛根茶／칡차
☐ 藥茶／약차 ☐ 柚子汁／유자쥬스
☐ 柚子茶／유자차 ☐ 柳橙汁／오렌지쥬스
☐ 人蔘茶／인삼차 ☐ 牛奶／우유
☐ 生薑茶／생강차 ☐ 養樂多／야쿠르트
☐ 綠茶／녹차 ☐ 咖啡／커피
☐ 薏仁茶／율무차 ☐ 冰咖啡／냉커피
☐ 山茱萸茶／산수유차
☐ 薑黃蜂蜜茶／강황꿀차
☐ 薑黃蜂蜜果汁／강황꿀쥬스

隱身在鐘路的長巷弄裡、有著幾十年歷史的茶房，一走進店裡，就彷彿回到過去的氛圍，開店時的布置依舊，書法字畫、老式沙發，就連裸女圖也依然懸掛在牆上。這裡的常客是爺爺奶奶們，但近來也有不少年輕人喜歡來此，一邊喝著傳統茶或咖啡，一邊吃著古早味餅乾，還有用薑沾糖的小零嘴，在這裡吃喝的不是美味，而是一種回憶過往的情懷，和朋友們閒話家常，就是最好的下午茶時光。

1 2 復古的舊時外觀與傳統餅乾 **3** 走進店內，就像搭乘時光機回到過去

特色美食

多樣餐點、平價連鎖輕食店

飯捲天國
김밥천국

DATA

MAP P.100

和地鐵站出口
連通前往

✉대구시 중구 달구벌대로2100(덕산동) ☎(053)252-8853 ⏰09:30～21:30，最後點餐20:00 ❌元旦、春節、中秋當天和前一天 💲飯捲每條2,000～4,500₩，其他餐點2,500～8,000₩ 🚇地鐵130／230半月堂站地下街的中間圓形區B1(地下街是B2) ❓可1人用餐，點餐後付款，水請自助取用

韓國的紫菜包飯，外觀像壽司，但米飯沒有加醋，在紫菜刷上麻油，鋪上白飯和各種食材，捲起來切成適當大小，稱為飯捲感覺更貼切。「飯捲天國」是韓國的輕食連鎖店，各分店菜單差不多，價格實惠、選擇多樣，有飯捲、辣炒年糕、泡麵、湯鍋、蓋飯、炸豬排等數十種餐點，可以1個人用餐，也是節省餐費的好選擇。(右頁菜單在類似店家亦可使用)

Menu

飯捲天國菜單

飯捲、餃子類

- ☐ 蔬菜海苔飯捲 / 야채김밥
- ☐ 起司海苔飯捲 / 치즈김밥
- ☐ 泡菜海苔飯捲 / 김치김밥
- ☐ 蛋包海苔飯捲 / 계란말이김밥
- ☐ 牛肉海苔飯捲 / 소고기김밥
- ☐ 花飯捲(海苔在裡面) / 누드김밥
- ☐ 青辣椒海苔飯捲 / 땡초김밥
- ☐ 鮪魚海苔飯捲 / 참치김밥
- ☐ 魚板串、烏龍麵 / 오뎅、우동
- ☐ 辣拌烏龍麵 / 볶음우동
- ☐ 糖醋餃子 / 탕수만두
- ☐ 辣拌餃子 / 비빔만두
- ☐ 蒸餃 / 찐만두
- ☐ 水餃 / 물만두
- ☐ 煎餃 / 군만두

麵條類

- ☐ 年糕餃子拉麵 / 떡만두라면
- ☐ 辣海鮮泡麵 / 짬뽕라면
- ☐ 韓式涼麵 / 쫄면
- ☐ 辣炒年糕 / 떡볶이
- ☐ 辣炒年糕泡麵 / 라볶이
- ☐ 特別辣炒年糕 / 스페셜떡볶이
- ☐ 加辣辣炒年糕 / 눈물떡볶이
- ☐ 湯麵線 / 잔치국수
- ☐ 辣拌麵 / 비빔국수
- ☐ 刀切麵 / 칼국수
- ☐ 豆乳麵 / 콩국수
- ☐ 麵疙瘩 / 수제비
- ☐ 水冷麵 / 물냉면
- ☐ 辣拌冷麵 / 비빔냉면

蓋飯、豬排

- ☐ 魷魚蓋飯 / 오징어덮밥
- ☐ 辣炒豬肉蓋飯 / 제육덮밥
- ☐ 烤肉蓋飯 / 불고기덮밥
- ☐ 泡菜蓋飯 / 김치덮밥
- ☐ 章魚蓋飯 / 낙지덮밥
- ☐ 咖哩蓋飯 / 카레덮밥
- ☐ 炸醬蓋飯 / 짜장덮밥
- ☐ 蛋包飯 / 오무라이스
- ☐ 鮮蝦炒飯 / 새우볶음밥
- ☐ 炸豬排 / 돈까스
- ☐ 炸魚排 / 생선까스
- ☐ 起司炸豬排 / 치즈돈까스
- ☐ 地瓜炸豬排 / 고구마돈까스
- ☐ 漢堡肉排 / 함박스테이크

其他餐點

- ☐ 嫩豆腐鍋 / 순두부찌개
- ☐ 泡菜鍋 / 김치찌개
- ☐ 鮪魚鍋 / 참치찌개
- ☐ 排骨湯 / 갈비탕
- ☐ 辣牛肉湯 / 육계장
- ☐ 年糕餃子湯 / 떡만두국
- ☐ 年糕湯、餃子湯 / 떡국、만두국
- ☐ 大醬(韓式味噌)鍋 / 된장찌개
- ☐ 豆芽解酒湯 / 콩나물해장국
- ☐ 拌飯 / 비빔밥
- ☐ 加量拌飯＋大醬鍋 / 양푼이비빔밥＋된장
- ☐ 石鍋拌飯 / 돌솥비빔밥
- ☐ 辣炒章魚飯 / 낙지사리볶음
- ☐ 砂鍋魚卵拌飯 / 뚝배기알밥
- ☐ 砂鍋魷魚蓋飯 / 뚝배기오징어덮밥
- ☐ 砂鍋章魚蓋飯 / 뚝배기낙지덮밥
- ☐ 砂鍋烤肉鍋 / 뚝배기불고기
- ☐ 砂鍋辣炒豬肉蓋飯 / 뚝배기제육덮밥

1 2 店家外觀與寬敞的內部空間 3 蛋包飯捲、起司飯捲 4 有豐富蔬菜的拌飯 5 用小鍋直接上菜的泡菜鍋

有蛋糕嗎？都是草莓啊！

咖啡名家
커피명가

MAP P.96／A1
18號出口
步行約8分鐘

🌐 www.myungga.com ✉ 대구 중구 서성로 20(계산동2가동)
📞 (053)422-0892 🕐 08:00～21:00 💲各式飲料甜點約
2,000～8,500₩ ➡ 參考P.98桂山聖堂，在每日新聞社旁邊
的1樓 ❓ 鮮草莓蛋糕大約11月中～4月販售

　　這是一家從大邱開
始、已開業20多年的連
鎖咖啡品牌，自有專業
烘焙工廠，並自行開發
咖啡豆烘焙機，即便只
是最簡單的現沖美式咖

啡，濃醇香也一點都不馬虎，在大邱很多景點街區
都有分店。除了咖啡香醇之外，在「咖啡名家」也
非常有名的就是，鮮草莓比蛋糕體還多的草莓蛋
糕，特別是搭配桂山聖堂的歐式美景，是有名的打
卡熱點，草莓蛋糕每天限量供應，去晚了只好下次
請早囉！

人氣豐富果肉草莓醬麵包

Bbadaroll Pain France
빠다롤 빵프랑스

MAP P.96／D3
10號出口
步行約2分鐘

✉ 대구 중구 동성로1길 41(봉산동) 📞 (053)424-2025 🕐 09:00
～22:00，麵包主要出爐時間10:00～11:00 💲各式麵包約
2,200～7,700₩ ➡ 地鐵130/230半月堂站10號出口，往回
到巷口右轉，再直走約1分鐘的左斜對面 ❓ 重新裝潢後無
內用座位

　　大邱東城路商圈有名的法式麵包店，結合韓式變
化和風味，主打新鮮和健康，使用天然酵母原料製
作麵團，麵包是當天限量製作、新鮮販售，有豐富
的不飽和脂肪酸，可以防止身體老化，而腸胃也更
好消化、促進新陳代謝。這裡的麵包內裡扎實，最
招牌的是各種口味長型捲麵包，以及偶爾還需要排
隊等候的草莓醬吐司，建議最好放在盤子上用叉子
吃，不然有著豐富果肉的草莓醬，可是會多到滿出
來啊！

特色美食

天然調味料、當天新鮮製作

近代胡同豆沙麵包

근대골목단팥빵

DATA

MAP P.96／A1
15號出口
步行約8分鐘

IG daegubbang **✉** 대구 중구 남성로 7-1 **☎** (053)423-1883 **⏰** 09:00～21:00，元旦、除夕、中秋當天12:00開始營業 **💲** 各式麵包2,200～6,000₩ **➡** 地鐵130／230半月堂站15號出口，直走約1～2分鐘左轉，再沿藥令市直走約6～7分鐘的右邊 **❓** 本店摩天輪套組甜點須提早預約

從近代胡同的小店面開始，拓展到藥令市上整棟紅磚牆建築，讓吃麵包不再只是填飽肚子，也能成為最食尚的單品。將近30年來傳統匠人的堅持，使用店內自煮自製的紅豆和天然原料，製作出有小時候回憶的麵包，最招牌主打的商品，就是有著滿滿紅豆泥和原味、草莓、綠茶鮮奶油的麵包，或是更有嚼勁、內夾傳統年糕的款式，此外也結合在地藥令市的特色，以韓藥材人蔘、紅棗、五味子等製作養生口味麵包。

特色美食

去咖啡店吃炸醬麵？

SWEET AND

스위트앤드

DATA

MAP P.97／E3
10號出口
步行約5分鐘

IG sweet_and **✉** 대구 중구 동성로 2길 12-36 2층(봉산동) **☎** (053)253-8030 **⏰** 13:00～21:30，最後點餐20:45 **💲** 炸醬麵紅豆冰10,000₩、嚕嚕米鬆餅13,000₩，其他飲料4,000～6,500₩ **➡** 地鐵130／230半月堂站10號出口，直走約1～2分鐘左迴轉，直走約1分鐘右轉，再直走約1分鐘左轉，再直走一下左手邊 **❓** 菜單有圖片或英文

在大邱東城路小巷裡2樓的「SWEET AND」，是家有著溫馨親切、可愛嚕嚕米布置的小店，主要提供幾款特色冰品和甜點，其中IG打卡熱門，點單率最高、最有人氣的，就是偽裝成炸醬麵的紅豆冰，以及像辣炒碼麵的紅通通草莓冰。上餐時還特別添加巧思，店員會使用韓式中華料理店的外送鐵箱，把冰品裝著送來，此外還有嚕嚕米鬆餅，搭配鮮奶油＋香草冰淇淋，可愛又好吃呢！

大邱地鐵：1號線

安吉郎站
↓
半月堂站
↓
中央路站
↓
七星市場站
↓
東大邱站

公益團體製作的美味西點
南山麵包所
남산제빵소

MAP P.96 / B3
19號出口
步行約3分鐘

DATA

✉ 대구시 중구 달구벌대로414길 20(남산동) ☎ (053)423-4777
🕐 09:00～22:30 💲 麵包、點心、飲料約3,000～8,000₩ 🚇 地鐵
130／230半月堂站19號出口，直走約1～2分鐘左轉，再沿路走
約1～2分鐘右側

設立在大邱的南山教會旁，結合公益事業團體，開設
的大型麵包咖啡店，雇用一定比例的殘疾人士為職員，
在店內的半開放式廚房，製作麵包、蛋糕和餅乾，並將
部分收益投入幫助弱勢族群的活
動。店內以磚牆和鋼梁呈現工業
風格，整體環境寬敞，外側採用
大片落地窗，從白天引進的自然
陽光，到晚上的星光月色，擁有
不一樣的氣氛感受。

1 外側採用大片落地窗引進自然光線
2 4 各種麵包點心都是在店內製作 3
沙發區搭配整面書牆，更是有悠閒氣氛

螞蟻族最愛的新鮮水果塔
TARR TARR
타르타르

MAP P.96 / C2
13號出口
步行約2分鐘

特色美食

DATA

🌐 www.tarrtarr.com(韓) ✉ 대구시 중구 중앙대로 378(덕산동)
☎ 1800-1722 🕐 10:00～22:30，水果塔出爐時間11:00、17:00 💲 水
果塔約6,800₩，咖啡飲料約2,500～8,000₩ 🚇 地鐵130／230半
月堂站13號出口，直走到路口順彎右轉，再直走約1分鐘

韓國近年興起複合式咖啡店，有些是在自家店裡就有
咖啡豆烘焙機器，但也有不少是設置半開放式的麵包甜
點廚房，在店內新鮮製作來吸引消費者目光。「TARR
TARR」是水果塔專賣連鎖店，店內就有廚房，各式甜點
限量提供，每天固定時間出爐，這裡的塔皮比較脆，有著
像餅乾的口感，基底奶油多、口味偏甜，相對來說會是螞
蟻族的愛店，一般口味的人建議搭配無糖咖啡，整體感覺
會更好。

1 店家外觀 2 3 各種樣式口味的水果塔、甜品塔

漫步在吉他樂聲和特色壁畫的藝術裡

遊賞去處

金光石路、防川市場

김광석길、방천시장

DATA

✉大邱市 中區 達句伐大路450길 일대 ⏰壁畫街24小時；其他店家各不相同，平日較少店面營業，餐廳多要下午之後才開始，假日從上午就會陸續營業 💲免費 🚇地鐵231慶大醫院站3號出口直走約7分鐘 ⓘ假日人潮較多，若想好好拍照，平日前往為佳

歌手「金光石」是韓國現代民謠的重要人物，在他去世之後，為了紀念其音樂成就，將他出生成長的街區整修保存，繪製有趣的壁畫，完整名稱「김광석다시그리기길」，結合想念、繪畫的意思，是大邱頗具人氣的特色街道。旁邊的防川市場，1945年光復後，從日本、滿州回韓國的人，為了糊口生活，聚集在這裡做生意，是1960年代的大型傳統市場，後來逐漸沒落，現在也用各種壁畫妝點，穿梭在小巷弄裡，另有一種單純寧靜的氣氛。

金光石路週末假日人潮較多，商店多有營業，此外還有素描、手作藝品的攤販，街頭藝人的表演，以及小廣場的迷你演唱會，伴隨吉他的輕快樂曲，是個歡樂熱鬧的街區。平日此處較清靜，有些店面不營業，或是下午、傍晚才開，但是可以更悠閒自在的好好拍照，也是不錯的參觀時間。

1 3歌手「金光石」的銅像、畫像 2正在繪製的手工明信片 4防川市場裡的卡通彩繪 5民歌時期的重要樂器吉他，也是此處的重要元素 6不能說出口的愛

慶大醫院站周邊街道圖

2號線
231
慶大醫院站
경대병원역
달구벌대로
동덕로
防川市場
방천시장
觀光案內所
관광안내소
大鳳洞婚紗街
대봉동웨딩거리
金光石路
김광석길
新川 신천
332
笠岩站
건들바위역
333
大鳳橋站
대봉교역
大邱百貨
대구백화점
3號線

1號線

Line 1

市區最熱鬧的流行商圈

中央路站

중앙로역 (131)

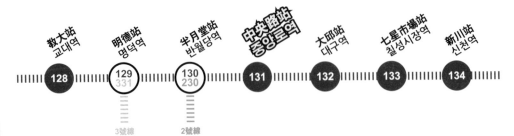

教大站 교대역	明德站 명덕역	半月堂站 반월당역	中央路站 중앙로역	大邱站 대구역	七星市場站 칠성시장역	新川站 신천역
128	**129** 331	**130** 230	**131**	**132**	**133**	**134**
	3號線	2號線				

←舌化椧谷站 설화명곡역

안심역 安心站→

110

大邱達人 *Daegu* 3大推薦地

遊客必訪
東城路

大邱最熱鬧主要的流行購物商圈，除了血拼和美食，還有年輕學生、街頭藝人的精采演出。(見P.116)

作者最愛
大桶蒸貝雞

用料豐富、湯鮮味美的海陸鍋，店員協助不怕食材煮過頭，蒸煮貝類＋一隻雞，還能加點大章魚喔！(見P.120)

在地人推薦
鐘路古宅星巴克

首家進駐百年韓屋的星巴克，最大限度保存韓屋的外觀各處，並使用韓國傳統造型桌子，更能融入整體氣氛。(見P.126)

中央路站位於大邱最主要的購物商圈東城路旁，加上也是遊客的主要住宿區域，因此是來到大邱觀光必定會經過的重點地鐵站，和前後的地鐵大邱站、半月堂站藥令市相近、無明顯界線，可參考印象篇「市中心繁華區」步行路線，安排一起參觀。由中央路站前往各景點，亦可從刷票閘口(B3)先往地下街(B1)，再從地下街出口出站，最主要為14號出口往東城路商圈，13號出口往校洞市場、大邱驛(火車站)，在地下街可用「慶尚監營公園」為地鐵搭乘處的辨識方向。

中央路站周邊街道圖

大邱火車站
대구역

大邱演唱會館
대구콘서트하우스

樂天百貨
롯데백화점

太平路
태평로

北城路包裝馬車巷弄
북성로 포장마차골목

工具博物館
공구박물관

서성로

T.morning
티모닝

北城路工具街
북성로공구골목

香村文化館
향촌문화관

중앙대로

北城路工具麵包
북성로공구빵

1號線

慶尚監營公園
경상감영공원

131

中央路站
중앙로역

本粥
본죽

大邱近代歷史館
대구근대역사관

阿里郎
紅豆麵包
아리랑단팥빵

大邱郵局
대구우체국

國一分式湯飯
국일따로국밥

4   3

大創
다이소

OLIVE
YOUNG

郭醫院
곽병원

大邱傳統分式湯飯
대구전통따로

7   9

13

東城路地下街
동성로지하상가

公車站牌
(下車，八公山、機場往市區)

樂天電影院
롯데시네마

1

地下街出口
지하철출구

8   10

14

往西門市場
서문시장

국채보상로

2

橋村炸雞
교촌치킨

教保文庫書店
교보문고

CGV電影院
영화관

公車站牌
(上車，市區往八公山、機場)

大邱半夜月烤腸
대구반야월막창

CGV電影院
영화관

서성로

大桶蒸貝雞
대통조계찜

1

2

大邱百貨(廢業)
대구백화점(폐업)

終極美味的豬
끝돈

公車站牌
(下車，機場往市區)
(上車，市區往沙門津)

中和飯店
중화반점

通大通三
통큰통삼

MANSION 5
맨션5

近代胡同豆沙麵包
근대골목단팥빵

共感民宿
공감게스트하우스

韓醫藥博物館
한의약박물관

藥廛
약전

星巴克 鐘路古宅店
스타벅스 대구종로고택점

三松麵包
삼송빵집

東城路
동성로

每日新聞
매일신문사

藥令市
약령시

觀光案內所
관광안내소

1號線

公車站牌
(上車，市區往機場)
(下車，沙門津往市區)

咖啡名家
커피명가

舊第一教會
구 제일교회

大樹之家
큰나무집

美都茶房
미도다방

美進粉食
미진분식

崔家蛋
최가네케이

桂山聖堂
계산성당

Bomgoro民宿
봄고로 게스트하우스

Sodubul食堂
소두불식당

130 230

半月堂站
반월당역

東橫inn 東城路店
토요코인호텔 동성로점

中城民宿
미드타운 호스텔

韓方醫療體驗塔
한방의료 체험타운

東城路觀光案內所
동성로 관광안내소

E · F

1 · 132 大邱站
대구역

2

太平蒸氣房
태평찜질방

大百超市
대백마트

태평로

공평로

校洞市場
교동시장
小吃店密集巷弄

2

文畫裝
문화장

公車站牌
(下車，八公山、機場往市區)

地下街出口
17 · 18
樂天電影院
데시네마

大信換錢所
대신환전

국채보상로

3

公車站牌
(上車，市區往八公山、機場)

往八公山、
大邱機場 ➡

4

2.28紀念中央公園
2.28기념중앙공원

中央辣炒年糕
중앙떡볶이

金剛部隊鍋
킹콩부대찌개

美進粉食
미진분식

Spark Land
스파크랜드

공평로

國債報償
紀念公園
국채보상기념공원

5

北

遊賞去處

西式建築的歷史文物館

MAP P.112／B3

4號出口
步行約5分鐘

大邱近代歷史館
대구근대역사관

DATA

http artcenter.daegu.go.kr/dmhm ✉ 대구시 중구 경상감영길 67 ☎ (053)606-6430 ⏰ 09:00～18:00，4～10月平日到19:00 🚫 週一、元旦、春節、中秋當日公休，週一若為假日則改隔天休息 💲 免費 ➡ 地鐵131中央路站4號出口，直走過馬路左轉，再直走約5分鐘

　　這棟建築原是日本殖民經濟政策的核心機構，1932年建立的朝鮮殖產銀行大邱分行，光復後改為韓國產業銀行，其文藝復興風格的樣式保存良好，列為大邱的有形文化財，2011年成為近代歷史館開放給大眾參觀。以韓國最早的市內公車「府營巴士」為開端，展示從日據時代開始，大邱近代的美術、音樂、文化、教育等文物資料，可以了解當時的社會風貌和生活型態，入口服務台提供中、英、日等語言的免費導覽機，可以多加利用。

1 歷史館的文藝復興風格建築 2 展示大邱近代藝術方面的文物資料

113

遊賞去處

近代大邱生活文物的展示空間

香村文化館
향촌문화관

DATA

🌐www.hyangchon.or.kr 📮대구시 중구 중앙대로449(향촌동) ☎(053)219-4555 🕐4～10月09:00～19:00、11～3月09:00～18:00，最後入場為休息前30分鐘 ㊡週一、元旦、春節、中秋 💲大人1,000₩，老人(65歲以上)、青少年(8～19歲)500₩，幼兒(7歲以下)免費，文學館免費 ➡地鐵131中央路站4號出口直走約3分鐘

MAP P.112 / D2

4號出口
步行約3分鐘

這裡曾是大邱最早的商業銀行——鮮南銀行的所在地，重建後用作展示空間，1、2樓以1950年代韓戰前後為中心，透過黑白影像等文史資料，和當時街道商店的空間模型等，呈現市中心鬧區香村洞北城路的景象，3、4樓則是大邱文學館，展示近代文學的作品資料。

大邱是韓國很多知名藝術家的故鄉，日據解放後，香村洞出現許多以音樂藝術為主的茶房酒館，是藝術家們聚會創作的地方，韓戰時許多其他地區的藝術家也都到此避難，因而帶動大邱文化藝術的進步，當時還有很多音樂鑑賞室，但唯一保留下來的，就只有文化館地下室的「綠香」了。

1原為銀行用地的建築 2367文化館內的復古街道布置 4韓國最早的公車「府營巴士」 58韓國舊時代的小吃店

遊賞去處

DATA

市區摩天輪遊樂園

Spark Land
스파크랜드

MAP P.113／E5

2號出口
步行約8分鐘

🌐d-spark.kr ✉대구 중구 동성로6길 61 레드존 7~9층(공평동 58-6) ☎(053) 230-2010 🕐週一~週四12:00～22:00，週五12:00～23:00，週六11:30～23:00，週日11:30～22:00 💲5～6層「Happy Villains」從一小時9,000₩～整日券39,000₩，7～9層各項遊樂器材每次4,000₩起，另外套票／整日券優惠價，自由券可在7樓憑收據兌換感應通關手環 🚇地鐵131中央路站2號出口，直走約1分鐘的巷口左轉，再直走約7分鐘可到所在商場 ⓘ商場各樓層營業起迄時略有差異

位於東城路商圈的「Spark Land」，是大邱市區新一代的玩樂地標，從7～9層頂樓的市區摩天輪開始，自由落體、高空盪鞦韆、星球咖啡杯、迷你海盜船等，還有室內多樣的電子遊樂器材和旋轉木馬，此外5～6層的「Happy Villains」室內型體育主題公園，規劃有5個不同區域，可以享受多種新鮮刺激的玩樂體驗，如室內攀岩、高空飛索、VR實境賽車、弓箭＆步槍射擊、棒球投打訓練等，是大人小孩都會喜歡的市區遊樂園。每個設施器材可玩的身高限制不同，若是帶小小孩前往，建議先在各設施的入口前，確認相關安全規定後再購票。

1摩天輪是東城路商圈周邊的地標 2可以使用自動售票機購票 3456有適合親子同樂或刺激驚險的遊樂器材 7「Happy Villains」室內體能設施

購物血拼

逛街血拼必訪、熱鬧年輕街區

東城路
동성로

DATA

MAP P.112 / D5
地下街14號出口，出站即到

☎ (053)252-2696(東城路觀光案內所) ◐ 各店家不一，約中午左右到22:00 ➡ 地鐵131中央路站的地下街，走14號出口(雙向手扶梯)往大邱百貨公司方向，出站即到

大邱最具代表性的逛街購物商圈，範圍寬廣、涵蓋2個地鐵站區域，許多韓系化妝、保養品牌都可在此或地下街找到，主街和大街上還有不少的流行、連鎖服飾店，此外也別錯過小巷弄裡的特色店家，從多樣小吃、男女個性服飾，到隱身在周邊的美食餐廳和咖啡店，再加上年輕學生的舞蹈歌劇，街頭藝人的精采演出，還有不時在此舉辦的各種活動，都讓這裡不只是像首爾明洞，它就是擁有大邱獨特活力的代表指標。

| 玩 | 家 | 筆 | 記 |

東城路的見面場所

東城路商圈範圍寬廣，若是怕找不到路或和朋友走散，可用以下兩個位置當目標問路，大部分當地人都會知道！

■「大百」大邱百貨：東城路商圈中央廣場旁，地標「大百」大邱百貨(대구백화점)已結束營業，但建築未拆除，仍可當成問路、約見面的地標。 MAP P.112 / D4

大邱百貨公司(已結業)

■ 東城路觀光案內所(동성로 관광안내소)：「中派」中央派出所(중앙파출소)的舊址，現改成東城路觀光案內所，位在東城路商圈和藥令市的中間位置，近地鐵半月堂站。 MAP P.112 / C5

1 巷弄裡也有許多特色小店可逛 2 街頭藝人的演出 3 4 地鐵中央路站連通的地下街 5 東城路主街的中央舞台

特色美食

專人代烤的美味熟成肉

終極美味的豬 大邱鐘路店
끝돈

DATA

🌐thelastpig.co.kr ✉대구 중구 종로 38-1(종로2가) ☎0507-1419-0351
🕐12:00～23:00，週五、六到24:00，最後點餐打烊前45分鐘 ㊡中秋、新年(建議事先確認) 💲肉類每100公克10,000～15,000₩，每份原塊肉約100～150公克，實際價格依照肉的重量計算 🚇地鐵131中央路站，1號出口前巷口右轉，直走約3分鐘路口左轉，再直走一下的左手邊 ℹ1.調味肉品每次要點2～3份。2.部分小菜續盤需加購。3.菜單上有牛肉選項

最初是大邱慶北大學北門商圈的熱門名店，店名「끝돈」指最終這裡的豬肉最好吃！從專利設計的愛心烤盤開始，以最能保有食材原味的真木炭燒烤，將韓國名料理「大麥黃花魚」的製作方法，獨家應用在肉品熟成法，提升三層肉的豐富肉汁，選用品質好的豬頸肉、豬頰肉、背脊肉、排骨肉，並且有店員全程代烤肉，不用擔心過熟或烤焦。為了保持原塊肉的好味道，熟成後的肉品不分切，因此每份肉的重量不一定，大約是100～150公克，價格也會有所不同。

1店面外觀 2熟成後的每份原塊肉重量不同，最終價格會打在標籤上 3店內的祕製沾醬 4以黑糖調味的伊比利豬頸肉 5烤盤比爐火略大，烤好的肉可以放在外圍，這樣不易烤焦，可以用生菜包著肉和小菜一起吃

Menu

終極美味的豬菜單

☐ 三層肉 / 삼겹살
☐ 豬花頸肉 / 꽃목살
☐ 豬花背脊肉 / 꽃등살
☐ 伊比利豬頸肉 / 플루마
☐ 黑糖 (調味) 伊比利豬頸肉 / 흑당플루마
☐ 豬頰肉 / 가브리
☐ 調味排骨肉 / 오도리
☐ (牛) 花排骨肉 / 킹갈비
☐ 蒸蛋 / 계란찜
☐ 烤起司 / 구워먹는 치즈
☐ 米飯 / 공기밥
☐ 起司炒飯 / 치즈젓갈볶음밥
☐ 義大利酒飯 / 이태리술밥

特色美食 **DATA**

口味清新海鞘拌飯韓定食

藥塵
약전

MAP **P.112／B5**
1號出口
步行約7分鐘

✉ 대구시 중구 중앙대로 77길 50-3(장관동) ☎ (053)252-9684 ◷ 12:00～15:00、17:00～21:00，最後點餐20:00 休 元旦、春節、中秋 ⑤ 每人15,000₩ ➡ 地鐵131中央路站1號出口，直走約3分鐘的巷口右轉，再直走約4分鐘的右側巷裡 ⑰ 可1人用餐

　原來開在附近的長巷弄，後搬遷到藥令市旁小巷裡，使用藥店櫥櫃當裝飾，店名取作「藥塵」，意思是賣藥的店舖。這裡專門提供美味的海鞘(멍게、又稱海石榴)拌飯韓定食套餐，海鞘單嘗有些許腥味，但是和米飯、蔬菜、芝麻油拌均勻，卻是很契合的香味，搭配上口味清新的小菜，雖然位置低調，味道卻令人驚豔，記得把熱水倒在裝飯的石鍋裡悶一下，就是清爽好喝的鍋巴湯囉！

1 隱身在此的低調餐廳 **2** 用來當裝飾的韓藥店櫥櫃 **3** 除了主餐拌飯，還有豐富的配菜

特色美食 **DATA**

市區就近品嘗在地風味

大邱半夜月烤腸 鐘路店
대구반야월막창 종로점

MAP **P.112／C4**
1號出口
步行約7分鐘

🌐 www.daegu-byw.co.kr(韓) ✉ 대구시 중구 중앙대로81 길 36(종로1가) ☎ (053)421-5445 ◷ 平日16:00～翌日02:00，假日到03:00，最後點餐打烊前1小時 ⑤ 烤肉烤腸每份11,000₩，其他餐點1,000～6,000₩ ➡ 地鐵131中央路站1號出口，前方巷口右轉，直走約3分鐘右側

　韓國各地的「鐘路」，是古時候該城市的鬧區要道，為客棧酒樓聚集的地方，演變至今，通常都會有各類餐廳，但白天不見得會營業，而是越夜越熱鬧。「大邱半夜月烤腸」是大邱在地的烤腸烤肉連鎖店，主要提供使用多樣材料熟成的烤大腸頭，另外也有烤肉、烤排骨能選擇，如果想在市區就近嘗試在地風味，這裡會是不錯的選擇喔！

1 店面外觀 **2 3** 不只烤腸，也有多樣烤肉可選擇 **4** 烤腸不見得是要吃飽，更多時候是下酒菜喔

Menu

大邱半夜月烤腸菜單

☐ 生大腸頭／생막창	☐ 辣味烤盲鰻／매콤곰장어
☐ 生三層肉／생삼겹살	☐ 傳統便當／추억의 도시락
☐ 生大排骨／생왕갈비	☐ 煮泡麵／냄비라면
☐ 生脖子肉／생목살	☐ 大醬湯／된장찌개
☐ 排骨肉／갈비살	☐ 蒸蛋／계란찜
☐ 軟骨邊肉／오도독살	☐ 米飯／공기밥
☐ 無骨雞腳／뼈없는닭발	☐ 冷麵／냉면

特色美食
DATA

口味較濃郁、大邱分式湯飯創始店

國一分式湯飯
국일따로국밥

MAP P.112／C3

4號出口
步行約2分鐘

MAP P.112／C3

Menu

國一分式湯飯菜單

☐ 特牛血湯飯／특따로국밥
☐ 牛血湯飯／따로국밥
☐ 牛血湯麵／따로국수
☐ 去掉牛血／선지빼고
☐ 追加飯／추가밥
☐ 牛血／선지

📧大邱市 中區 國債報償路 571(전동1) ☎(053)253-7623 ⏰24小時 💲湯飯10,000～11,000₩ 🚇地鐵131中央路站4號出口，往回走約1分鐘右轉，再直走約1分鐘 👤可1人用餐

　　大邱分式湯飯的創始老店，除了主要的材料牛血，湯裡還有牛肉塊，整體口味是偏濃郁的微辣，建議可把附上的韭菜加到湯裡調味，白飯可單吃或加到湯裡一起吃，若不敢吃牛血，點餐時可利用本頁菜單去掉牛血，24小時營業，也可當成早餐享用。

1 店家外觀
2 3 牛血湯飯，建議把韭菜加進湯裡調味

特色美食
DATA

口味較清爽、另有不辣雪濃湯

大邱傳統分式湯飯
대구전통따로

MAP P.112／C3

4號出口
步行約4分鐘

Menu

大邱傳統分式湯飯菜單

☐ 特牛血湯飯／특따로
☐ 牛血湯飯／따로
☐ 辣牛肉湯／육개장
☐ 雪濃湯／설렁탕

📧大邱市 中區 國債報償路 563-1(전동) ☎(053)257-1476 ⏰24小時 💲湯飯、雪濃湯9,000～10,000₩ 🚇地鐵131中央路站4號出口，往回走約1分鐘右轉，再直走約3分鐘 👤可1人用餐

　　在一排3家分式湯飯店裡，這家的牛血湯飯口味偏清爽，另外附有蒜泥和韭菜，可以加到湯裡調整味道，此外還有辣牛肉湯，以及完全不辣的雪濃湯(牛骨清燉)可選擇，適合多人旅遊時前往，一次符合大家的喜好，這家是本書作者的私房最愛。

1 店家外觀 2 牛血湯飯，加蒜泥和韭菜更對味 3 另有不辣的雪濃湯

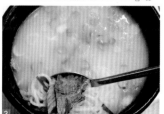

豐富有飽足感的海陸鍋

大桶蒸貝雞
대통조계찜

MAP P.112 / C4

1號出口
步行約3分鐘

✉ 대구 중구 중앙대로81길 38(종로1가) ☎ 0507-1382-5223 ⏰ 16:00～翌日03:00，最後點餐02:00 ⊗ 每月第2、4週日 💲 大桶蒸貝雞49,000₩ 起，生章魚30,000₩ 🚇 地鐵131中央路站，1號出口前巷口右轉，直走約3分鐘 ⏱ 若有候位客人，用餐時間2.5小時

　　越夜越熱鬧的大邱鐘路，巷口邊上兩隻「真露」燒酒的標誌青蛙，就坐在雙層矮房的2樓外，這裡主菜是新鮮現蒸煮的鮮貝鍋，基本有貝類、鮮蝦、水煮蛋和一隻雞，也可以升級加料一隻大章魚，此外套餐還包括起司雞蛋捲、泡菜煎餅、刀切麵和餃子。店員會協助處理食材，剪成小塊讓客人方便食用，除了豐富的蒸貝雞鍋，也可以嘗試看看有名的海鮮料理生章魚，記得要沾鹽＋芝麻油製作的沾醬一起吃，可以避免被章魚吸住食道。韓國人習慣用餐最後才吃澱粉主食，所以刀切麵最後才會上桌喔！

Menu

大桶蒸貝雞菜單

☐ 蒸貝雞 / 조계찜
　　包含：鮮貝、雞一隻、起司雞蛋捲、泡菜煎餅、刀切麵、餃子
☐ 皇帝蒸 / 황제찜
　　包含：蒸貝雞套餐＋大章魚一隻
☐ 烤鮮貝 / 조개구이
　　包含：鮮貝、烤起司、鮮貝湯、雞蛋捲
☐ 生章魚 / 탕탕이낙지

1 店家外觀 2 店員會協助分剪食材 3 生章魚吃之前要打上生雞蛋 4 蒸貝雞鍋有鮮貝、鮮蝦和雞一隻，皇帝蒸則是多加大章魚 5 最後還可以加刀切麵和餃子

就愛烤肉吃到飽

特色美食

通大通三

DATA

통큰통삼

MAP P.112 / B4

1號出口
步行約4分鐘

📧大邱 中區 中央大路81街 55(壯觀洞) 📞0507-1438-1112 ⏰平日16:00
～24:00,假日15:00開始,最後點餐23:00 💲大人15,900₩、小學
11,900₩、7歲以下8,900₩、4歲以下免費 🚇地鐵131中央路站,1號出
口前巷口右轉,直走約4～5分鐘 ⏱用餐限時2小時,烤腸(막장)、雞排
(닭갈비)限量供應(跟店員點)

「通大通三」是烤肉吃到飽的專門店,吧台上和冷凍冰箱
的食材,包含五花肉、豬頭肉、調味排骨、薄片豬、薄片牛
和各種小菜,都是自助式取用,另外還有要跟店員點餐,限
量供應的烤腸和雞排,飲料、酒類是另外加點,雖然整體稱
不上非常精緻,但也是就愛專注吃烤肉的好選擇。

Menu

通大通三菜單

- ☐ 五花肉 / 삼겹살
- ☐ 豬頭肉 / 목살
- ☐ 調味排骨 / 양념갈비
- ☐ 薄片豬 / 대패삼겹
- ☐ 薄片牛 / 차돌박이
- ☐ 水冷麵 / 물냉면
- ☐ 辣味泡麵 / 땡초라면
- ☐ 大醬湯鍋 / 된장찌개
- ☐ 蒸蛋 / 계란찜
- ☐ 米飯 / 공기밥

清爽口味豬肉湯飯

特色美食

Sodubul食堂

DATA

소두불식당

MAP P.112 / C5

1號出口
步行約5分鐘

📧大邱市 中區 中央大路77街 15(鐘路2街) 📞(053)252-9430 ⏰07:00～
21:30,最後點餐20:30 💲湯飯8,500₩、白切肉定食10,000₩ 🚇地鐵
131中央路站1號出口,直走約3分鐘右轉,再直走約1分鐘右側

大邱鐘路、藥令市周邊的餐飲店家,大多最早從中午才開
始營業,較少有可以吃韓式料理早餐的店家。位在長巷弄附
近的「Sodubul」豬肉湯飯,從早餐時間就開始營業,提供豬
肉、內臟、血腸湯飯,基本湯頭清爽,或是加入蝦醬調味,
每碗還會附上一球麵線,可以放入湯裡一起吃,有別於大邱
常見的分式(牛血)湯飯,這裡是不吃牛肉的好選擇。

Menu

Sodubul食堂菜單

- ☐ 豬肉湯飯 / 돼지국밥
- ☐ 內臟湯飯 / 내장국밥
- ☐ 血腸湯飯 / 순대국밥
- ☐ 豬肉＋內臟 / 돼지＋내장
- ☐ 豬肉＋血腸 / 돼지＋순대
- ☐ 內臟＋血腸 / 내장＋순대
- ☐ 豬肉＋內臟＋血腸 / 돼지＋내장＋순대
- ☐ 白切肉定食 / 수육백반

1 **2** 店面內外,傳統的韓式小店 **3** 混合豬
肉、內臟、血腸的湯飯

大邱地鐵：1號線

安吉郎站
半月堂站
中央路站
七星市場站
東大邱站

特色美食

炒烏龍麵、韓式黑炸醬麵

MAP P.112 / D4
2號出口
步行約2分鐘

中和飯店
중화반점

DATA

✉대구시 중구 중앙대로 406-12(남일동) ☎(053)425-6839 ⏰11:30～
21:00,最後點餐21:00 ❎每月第2、4個週一 💲炒烏龍麵(야끼우동)
11,000₩、炸醬麵7,000₩、炒碼麵8,000₩、糖醋肉19,000₩ 🚇地鐵
131中央路站2號出口,直走約1分鐘巷口左轉,再直走約1分鐘的右側
🈯可1人用餐

東城路主街旁小巷裡,有40多年歷史的中華料理店,大邱
10味的炒烏龍麵,就是由第一代老闆所開發的吃法。這裡使
用的麵條口感Q彈,無論是炒烏龍麵、炸醬麵、炒碼麵(辣海
鮮湯麵)、糖醋肉等都是人氣選項。老闆是台灣華僑,店內
菜單有繁體中文,店員也多會說中文,不用擔心點餐語言不
通,外觀看起來不大,但店內座位很多,午、晚餐尖峰等上
菜需要花點時間,建議避開主要用餐時段前往較佳。

11 2店家外觀與中式風格的內裝空間 3韓式炸醬麵 4糖醋肉 5大邱10味
之一「炒烏龍麵」

特色美食

超熱門排隊小吃店

MAP P.113 / E4
2號出口
步行約6分鐘

中央辣炒年糕
중앙떡볶이

DATA

✉대구시 중구 동성로2길 81 ☎(053)424-7692 ⏰11:30～19:00,最
後點餐19:00 ❎每月第1個週日、第3個週四、最後週日 💲餐點單樣
3,000₩、飯捲一條1,500₩,辣年糕+扁餃子混搭3,000₩ 🚇地鐵131中
央路站2號出口前巷口左轉,直走約5分鐘路口右轉,再直走約1分鐘
🈯可1人用餐

這裡菜單就5種選擇,卻是東城路商圈最熱門的小吃店,
尤其是粗條辣炒年糕加扁餃子的混搭,幾乎是每桌必點的招
牌,強力建議要避開用餐尖峰,最好是平日前往,假日需要
的排隊時間更長。如果遇到人多,但又想品嘗微辣微甜有

特色美食

價格實惠、簡單吃飽

美進粉食 本店
미진분식 본점

DATA

MAP P.112 / D5

2號出口
步行約6分鐘

✉大邱市 中區 동성로 6-1 ☎(053)425-1120 🕙10:00～20:30，最後點餐 20:00 休元旦、春節、中秋 💲餐點每樣5,000～6,000₩ 🚇地鐵131 中央路站2號出口，直走約5分鐘到岔路口，往左邊東城路主街直走約 1分鐘的右側 ⓑ可1人用餐

Menu

美進粉食菜單

☐ 紫菜飯捲 2 條 / 김밥 (두줄)
☐ 烏龍麵 / 우동
☐ 辣拌馬鈴薯麵 / 쫄면
☐ 辣拌烏龍麵 / 비빔우동

「粉食」指的是麵粉類食物，1970年代的麵食獎勵運動(參考P.49刀切麵的介紹)開始後，韓國各地出現許多以販售麵食為主的小吃店，繼米飯之後成為韓國人的另一類主食。「美進粉食」在大邱東城路開業已40多年，雖然菜單上只有4個選項，但用餐尖峰還是常會需要排隊，包有魚糕、刷上麻油的紫菜飯捲更是持續有人外帶，在附近2.28公園旁另有直營分店，是可用實惠價格吃飽的好選擇。

1店家外觀 2內有魚糕的紫菜飯捲 3辣拌馬鈴薯麵 4辣拌烏龍麵

嚼勁的辣年糕，面對店門口，右邊是排外帶，左邊是排內用「號碼牌」，有位子入座之後，再依照號碼牌順序點餐，值得與否就看個人，但推薦以辣年糕、扁餃子為主選即可。

Menu

中央辣炒年糕菜單

☐ 辣年糕 + 扁餃子 / 떡볶이 + 만두
☐ 辣炒年糕 / 떡볶이
☐ 扁餃子 / 만두
☐ 血腸 / 순대
☐ 紫菜飯捲 / 김밥

1店家外觀 2用餐或假日常會客滿
3店前爐上的扁餃子和辣炒年糕

特色美食

東城路周邊西式早餐首選

T.morning
티모닝

MAP P.112／D2

3號出口
步行約6分鐘

DATA

📷 t.morning_official ✉️ 대구시 중구 동성로 83(북성로1가) 📞 (053)421-1040
🕐 08:30～22:00 ❌ 每週三 💲 三明治單點3,500～8,000₩，搭配飲料折扣
500₩ 🚇 地鐵131中央路站3號出口前右轉，直走約2分鐘路口左轉，再沿
左邊直走約4分鐘

　　東城路商圈附近的餐飲店家，大多從午餐才開始營業，如果搭
紅眼航班清晨到大邱，或是想吃實惠的西式三明治早午餐，風格
溫馨的小店「T.morning」，就會是很不錯的選擇。登機證樣式
的菜單，相機和行李箱的店內布置，營造出旅行的氣氛，用料豐
富的三明治加飲料套餐，只要6,000₩起就會很有飽足感呢！

1 3店面內外有著溫馨風格 2分量十
足的三明治，對早餐來說很有飽足感

特色美食

混搭風韓屋咖啡早午餐

MANSION 5
맨션5

MAP P.112／C4

1號出口
步行約3分鐘

DATA

📷 mansion5_daegu ✉️ 대구시 중구 중앙대로79길 28(종로2가) 📞 (053)421-
1225 🕐 10:00～22:00 💲 飲料約5,000～13,000₩，餐點約8,000～
15,000₩ 🚇 地鐵131中央路站1號出口，直走約1分鐘巷口右轉，再直走約
2分鐘右側 ⏰ 早午餐平日10:00～15:00，週末10:00～18:00

　　「韓屋」是不少人旅遊韓國時，想體驗的一個部分，但如果實
在不習慣睡在地板上，那不妨來咖啡店坐坐吧！東城路商圈旁巷
子裡的「MANSION 5」，可以體驗在新式韓屋裡，吃著美味蛋
糕與早午餐的愜意，雖說如此，但也別忽略夜晚的特色，外觀打
上燈光，桌上點起小蠟燭，微醺之際更是有著不同的浪漫氣氛。

1 2位於新式韓屋裡，有著愜意浪漫
的氣氛 3 4 5餐點以多樣的西式早午
餐為主，或是也有飲料、蛋糕和麵包可
選擇

特色美食
DATA

舊式澡堂改造的藝文咖啡館

文畫裝
문화장

MAP P.113 / E3

3號出口
步行約7分鐘

Ⓘ mounhowazhang Ⓜ 大邱市中區東城路12街51(文化洞) Ⓒ 0507-1442-0755 Ⓒ 13:00～21:00 Ⓗ 每週三 Ⓢ 飲料點心約4,500～15,000₩ Ⓓ 地鐵131中央路站3號出口，往回走到路口左轉，再直走約6分鐘左側

　由舊式三溫暖改造而成的藝文空間，從復古風的樓梯往2、3樓走去，保留早已斑駁的水泥牆面，以及公共澡堂、獨立浴缸、鐵製置物櫃等的空間用品配置，與多元藝術家合作，加入風格迥異的藝術作品，還有在牆上的各種塗鴉畫作，擺脫老舊建築非得被拆除的命運，在現代城市發展和維護歷史文化之間，取得相輔相成的共生意義。

1 舊式三溫暖的建築外觀 2 3 保留內部原樣的公共泡湯池和浴缸 4 不定時會更替展出多元風格的藝術作品

大邱地鐵：1號線

安吉郎站
↓
半月堂站
↓
中央路站
↓
七星市場站
↓
東大邱站

125

特色美食

DATA

第一家進駐百年韓屋的星巴克

星巴克 大邱鐘路古宅店
스타벅스 대구종로고택점

MAP P.112 / C5

1號出口
步行約4分鐘

🌐 www.starbucks.co.kr ✉ 대구 중구 중앙대로77길 22(종로2가) 📞 1522-3232 🕐 08:00～23:00 💰 咖啡約5,000～7,000₩ 🚇 地鐵131中央路站1號出口，直走約3分鐘巷口右轉，再直走約1～2分鐘右邊 ❓ 無紙化(只收卡片)結帳分店

　　星巴克首次進駐現有百年韓屋古宅，位於近代胡同、知名的鄭小兒科(已無常態看診)旁，所在韓屋最早於1919年上梁，前身名為「韓國之家」(한국의집)，整修時把位於巷弄裡的百年韓屋，往外挪到靠大邱鐘路旁。側門牆上的《正祖大王華城班次圖》，是由朝鮮時代著名的畫家金洪道和金得臣所繪製，記錄朝鮮正祖19年(西元1796年)，正祖出巡至華城時的情景，以陶瓷燒製的技術，複製掛於矮牆上，如此能避免日曬雨淋的損毀。

　　天主教和基督教是現代韓國的重要宗教，但在朝鮮時代遭到禁止，傳教士為了教會活動所需要的鋼琴，捨棄方便的陸路，改走韓國最長的洛東江水路，從大邱把朝鮮半島第一架鋼琴運送上岸，因此大邱成為韓國古典音樂和西洋文化藝術的發祥地。結合如此的文化背景，韓國星巴克與世界著名的音響品牌Bang & Olufsen合作，在店內規畫了欣賞高品質音樂的最佳空間。

　　在星巴克進駐之前，這裡是體驗韓國傳統文化與婚禮的空間，如今則是將百年韓屋重新詮釋，最大限度地保存韓屋外觀、木頭梁柱和地板，成為結合傳統韓屋和現代咖啡的休閒空間，除了保留建築本體，店內桌子也有別於其他現代分店，採用韓國傳統八角型桌或圓型矮桌，更能融入整體氣氛。

前進全國的麻藥好味
三松麵包
삼송빵집

特色美食

DATA

MAP P.112 / C5

1號出口
步行約2分鐘

🌐 ssbncfc.co.kr ✉ 大邱 中區 中央大路 397(東城路3가)
📞 (053)254-4064 🕐 08:00～22:00 💲 玉米麵包2,400₩
，各式麵包2,400～6,400₩ 🚇 地鐵131中央路站1號出
口直走約2分鐘 ❓ 麵包每天限量新鮮製作，售完會提早
打烊

　　從韓戰後的1957年開始，已有60年歷史的大
邱在地麵包老店。在2008年開發出目前已是全韓
國有名的玉米麵包(통옥수수빵)，形容好吃到會上
癮，所以又稱為麻藥麵包(마약빵)，之後推出的黑
色版(墨魚、起司、培根、蔬菜)玉米麵包也很好
吃。麻藥麵包的口味稍甜，而後來新推出、以烤
的方式製作的可樂餅麵包也是人氣商品。除了本
店和韓國各地多有小型分店和專櫃外，大邱壽城
池旁也開了「三松1957」旗艦店，商品內容更為
多樣化，還有供應素食麵包喔！

有著甜蜜香氣的手工蛋糕
北城路工具麵包
북성로공구빵

特色美食

DATA

MAP P.112 / C2

4號出口
步行約5分鐘

✉ 大邱 中區 西城路14길 79(大安洞) 📞 010-3077-7465 🕐 12:00～19:30 🈺
週一 💲 每個1,000～2,000₩，套組4,500₩起 🚇 地鐵131中央路站4號出
口，直走約2分鐘左轉，再直走約3分鐘右邊 ❓ 工具麵包常溫可放4天，冷
藏可放約一星期

　　在東城路還沒有興起前，北城路工具街
才是大邱的中心，在韓戰短期成為臨時首
都的時期，此處的鋼鐵工廠還肩負起製作
軍需武器的重責大任。位於大邱北城路的
「FACTORY09」又被稱為「北城路工具
麵包」，承襲工具街的發展背景，以五金
工具材料的板手、螺帽、螺絲等的形狀模
具，在店內新鮮現做，製作出有著甜蜜蜜
勾人香氣的蛋糕點心，口感介於瑪德蓮和
磅蛋糕之間。由於內用空間很小，建議外
帶搭配咖啡當成下午茶點心品嘗。

1號線

Line 1

在地傳統市場、知名美食街區

七星市場站

칠성시장역 (133)

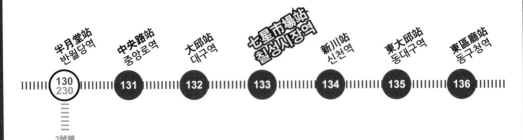

七星市場站周邊街道圖

大邱青果市場
대구청과시장

七星市場
칠성시장

132 大邱站
대구역

칠성남로

1

2 133 4

3

134 新川站
신천역

七星市場
文具玩具街
칠성시장문구완구골목

常客食堂
단골식당

七星市場站
칠성시장역

東仁花市
동인꽃시장

OK超市
오케이마트

樂榮辣蒸排骨 別館
낙영찜갈비 별관

樂榮辣蒸排骨 本店
낙영찜갈비 본점

東仁洞辣蒸排骨街
동인동찜갈비골목

北

七星市場站位在
大邱第二大的
傳統市場旁，使用
市場名稱為地鐵站
名，1～4號出口皆
可通往七星市場的
不同區域，對周邊
居民來說，這裡就
是個普通買菜的傳統市場，似乎跟觀光扯不上關係，但也正因為非常在地生活化，如果對傳
統市場很有興趣，此處也是個可以體驗感受的地方，此外不遠處還有大邱知名、美味好吃的
東仁洞辣蒸排骨街，距離東城路商圈亦不遠，步行約20～30分鐘或搭計程車來往，行程規畫
時可放在同一天，建議可先安排七星市場，之後再去鬧區逛街血拼。

買菜買水果、在地傳統市場

遊賞去處

七星市場
칠성시장

DATA

MAP P.129 / B2
在地鐵站出口
出站即到

📍대구시 북구 칠성시장로 28(칠성동2) 📞(053)423-3480 🕐各攤位不同，約07:00～19:00之間 🚇地鐵133七星市場站周邊、出站即到

　　廣義的七星市場由7個各類市場組成，已有40多年歷史，是大邱三大傳統市場❶之一，其中最有名的是地鐵站1號出口旁的青果市場，和2號出口附近的文具玩具街，此外還有七星花市，以及販售生鮮食品、小菜乾物、五金雜貨和生活用品等的攤商，雖然名氣沒有西門市場響亮，但商品類別走向較不相同，仍然是家庭主婦、主夫們喜歡逛街買菜的選擇之一。

❶大邱三大市場為西門市場、七星市場和關門市場(大邱西部巴士站旁)。

1「七星市場」是由多個不同市場組成 **2**1號出口旁的青果市場 **3**2號出口附近的五金雜貨商店

大人小孩都喜歡的平價商城

購物血拼

七星市場文具玩具街
칠성시장 문구 완구 골목

DATA

MAP P.129 / A2
2號出口
步行約3分鐘

📍대구시 북구 칠성시장로7길 🕐各店家不同，建議09:00～18:00之間前往 🚇參考P.131常客食堂，過豬腳攤(不用轉彎)再往前走一下的街區

　　七星市場往大邱站的方向，約140公尺的路上，有10多家文具玩具店在此聚集，雖然規模難以和首爾東大門的昌信洞相比，但商品價格比一般市面上的還要便宜，不僅是很多家長來替小孩買玩具的地方，也有很多大人愛來這裡逛街買文具，琳瑯滿目的各式商品，不免讓人買到停不下來。這裡零售或批發都有，但要記得現金購買比較便宜，刷卡可是要多收手續費，反而較不划算喔！

1 4 韓國通訊軟體kakao的相關商品 **2 3 5 6** 無論是大人、男生、女生，這裡都會有喜歡的選擇

特色美食

大邱10味知名度第一

樂榮辣蒸排骨 本店
낙영찜갈비 본점

DATA

MAP P.129 / B5

3號出口
步行約9分鐘

Menu

樂榮辣蒸排骨菜單

☐ 辣蒸排骨 / 찜갈비
☐ 韓牛辣蒸排骨 / 한우찜갈비
☐ 牛肉湯鍋 / 쇠고기찌개
☐ 白飯 / 공기밥

🏠大邱市中區東德路36길 9-17(東仁洞) 📞(053) 423-3330 🕐10:00～21:00，最後點餐20:00 ❌元旦、春節、中秋 💲辣蒸排骨20,000₩(韓牛30,000₩)、牛肉湯鍋8,000₩、白飯1,000₩另計；辣蒸排骨最少須點2份 ➡1.地鐵133七星市場站3號出口過馬路右轉，直走過地下道、十字路口約8分鐘的巷口左轉，再走一下路口右轉即到；2.地鐵131中央路站步行約20分鐘，或是搭計程車，車程約8分鐘、車費約4,000₩ ❓可1人用餐(須點2份)

　　「辣蒸排骨」是從大邱東仁洞發展出來的特色料理，「樂榮」是這裡最有名的老店，使用牛大排骨肉製作，或是可選更好的韓牛❶，醬料味道濃郁、開胃好下飯，建議將剩下的醬料打包，買碗微波飯做成炒飯，又是美味的一餐。本店都是地板座位，別館有西式座椅座位可選擇，辣蒸排骨基本小辣，可利用P.47實用韓文調整辣度。

❶「韓牛」(한우)為特定牛種，依油花分成5級，口感最受韓國人喜愛，頂級韓牛肉是尊貴禮品的象徵。

1店家外觀 2辣蒸排骨是很下飯的大邱特色美味 3也可以用生菜包著一起吃

特色美食

市場巷弄的平價美味烤肉飯

常客食堂
단골식당

DATA

MAP P.129 / B2

2號出口
步行約2分鐘

🏠大邱市北區칠성시상로7길 9-1(칠성동) 📞(053)424-8349 🕐09:00～20:30，最後點餐20:00 ❌每週三 💲豬原味烤肉(간장)6,000₩、辣味烤肉(고추장)7,000₩，白飯(공기밥)1,000₩另計 ➡地鐵133七星市場站2號出口後方斑馬線，過馬路右轉走到路口再左轉，直走一下豬腳攤的巷口左轉，再走一下即到 ❓可1人用餐(單點1份)

　　「炭火烤肉」是大邱有名的下酒小吃，最早是豬肉，後來也有牛肉，或是搭配白飯、生菜和小菜的簡易餐點，最常出現在市場和店舖密集區周邊。「常客食堂」是七星市場裡的熱門店家，提供平價豬、牛肉的烤肉簡餐，店門口炭火上的飄香烤肉，吸引著客人的步伐，雖然環境擁擠，但也是最真實的在地文化。基本點餐只看人數，就會直接送上豬肉烤肉餐和白飯，如果要點牛肉的，記得要先跟店員說喔！(可利用P.47實用韓文點餐)

1用大鐵盤直接上菜用餐、方便快速整理，是韓國人普遍個性較急的特色 2店家外觀

1號線

Line 1

重要轉運站、旅館密集區

東大邱站
동대구역 (135)

大邱站	七星市場站	新川站	東大邱站	東區廳站	峨洋橋站	東村站
대구역	칠성시장역	신천역	동대구역	동구청역	아양교역	동촌역
132	**133**	**134**	**135**	**136**	**137**	**138**

←舌化椧谷站 설화명곡역　　　　　　　　　　　　　안심역 安心站→

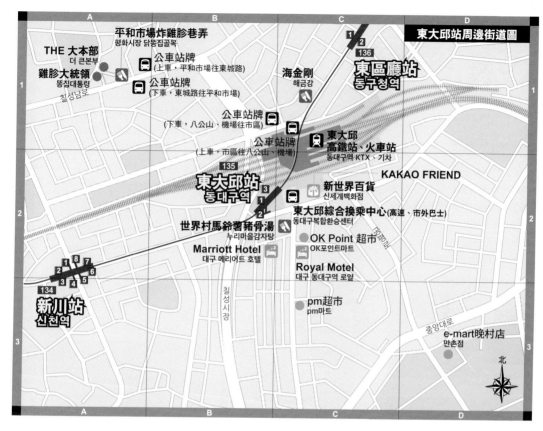

東大邱站周邊街道圖

平和市場炸雞胗巷弄
평화시장 닭똥집골목

THE 大本部
더 큰본부
雞胗大統領
똥집대통령
칠성남로

公車站牌
(上車，平和市場往東城路)

公車站牌
(下車，東城路往平和市場)

海金剛
해금강

東區廳站
동구청역

公車站牌
(下車，八公山、機場往市區)

公車站牌
(上車，市區往八公山、機場)

東大邱
高鐵站、火車站
동대구역 KTX、기차

KAKAO FRIEND

東大邱站
동대구역

新世界百貨
신세계백화점

世界村馬鈴薯豬骨湯
누리마을감자탕

東大邱綜合換乘中心(高速、市外巴士)
동대구복합환승센터

Marriott Hotel
대구 메리어트 호텔

OK Point 超市
OK포인트마트

Royal Motel
대구 동대구역 로얄

新川站
신천역

칠성시장

pm超市
pm마트

중앙대로

e-mart晚村店
만촌점

北

以火車／高鐵的東大邱火車站為起始，旁邊的新世界百貨，結合商場和可搭乘長途／市外巴士的東大邱綜合換乘中心，樓下即為地鐵東大邱站，不僅類三鐵共構，距離大邱機場也不遠，是韓國東南部、大邱市區最重要的轉運中心。此處搭急行1號公車，可往八公山、桐華寺、平和市場和大邱機場，或是搭火車、高鐵、巴士往韓國其他城市，如：安東、慶州、浦項、釜山、首爾等地。此外，本站周邊是飯店、旅館密集區，若有需要來往韓國其他城市，住在此區更為方便移動轉乘。

大邱達人 *Daegu*
3大推薦地

遊客必訪
八公山纜車

　　瞭望八公山景色、呼吸新鮮空氣，令人通體舒暢。登高望遠的好心情，可以藉由搭纜車輕鬆達成。(見P.135)

圖片提供／大邱市文化體育觀光局

作者最愛
平和市場炸雞胗巷弄

　　口感有嚼勁、下酒超對味的炸雞胗，從廢棄食材變身熱門的特色料理，來到大邱切勿錯過唷！(見P.140)

在地人推薦
桐華寺

　　大邱最有名的寺廟，八公山上的佛教聖地，寺院內環境優美，參拜藥師如來大佛像祈願和平。(見P.136)

交通指南：急行1(급행1)公車、八公山周邊

　　大邱的紅色急行1(급행1)公車，雖然車費較高、站距較長，但是串聯多個景點，可縮短車程時間。東城路周邊到八公山車程約56分，其餘各景點間的車程時間、車站位置地圖如下：

東城路周邊 ←(12分鐘)→ 平和市場(炸雞胗街) ←(3分鐘)→ 東大邱站 ←(6分鐘)→ 地鐵峨洋橋站 ←(6分鐘)→ 大邱機場 ←(8分鐘)→ 纖維博物館 ←(19分鐘)→ 桐華寺入口 ←(2分鐘)→ 八公山終點站

公車站牌位置相關地圖
東城路周邊：P.112／B4、E4
平和市場：P.133／A1
東大邱站：P.133／C1
桐華寺入口：P.33／A2、B2
八公山終點站：P.33／A2、B2
大邱機場：往東城路——機場外圍左斜對面；
往八公山終點站——機場外圍馬路邊

急行1

貼心提醒
　　地鐵峨洋橋站和大邱機場之間，上下班時間塞車機率高，若為搭機請預留時間。週末假日、賞楓旺季前往八公山人潮較多，尤其是傍晚回程，在八公山起站搭車較可能有座位；請留意是否為排急行1公車的隊伍。

遊賞去處

輕鬆賞秋景、登高望遠好心情

八公山纜車
팔공산케이블카

DATA

🌐 www.palgongcablecar.com 📧 대구시 동구 팔공산로185길51(용수동)
📞 (053)982-8803 🕐 頭班車09:30，末班車視季節、假日不同，約為
17:00(冬)～19:00(夏)之間 🚫 週一，假日或賞楓旺季則照常營運 💲 大
人來回13,000₩、單程10,000₩，小孩來回7,000₩、單程5,000₩ ➡
參考本站交通指南，在八公山終點站下公車後往前走一下的路口右
轉，沿12生肖雕像往斜坡上走，約7分鐘可到纜車站；纜車車程約8
～9分鐘 ❗ 天候不佳時會暫停營運；請留意末班車時間

　　八公山位於大邱東北部，最高海拔1,193公尺，新羅時期稱
為公山，後為紀念高麗太祖王建的8位建國功臣而改名，是大
邱的鎮山與佛教聖地，山區有很多大小寺廟，主峰毘盧峰的
祭天壇和冠佛岩、桐華寺是祈福的代表。推薦搭纜車到達高
處，瞭望山景、呼吸新鮮空氣，在山上纜車站的餐廳(菜單有
中文)，點韓國人登山常吃的蔥煎餅配馬格利酒、冬冬酒，體
驗一下道地的韓國生活，此外八公山也是大邱有名的賞楓景
點，紅黃綠相間的時節更是吸引大家的步伐與足跡。

1 2 山上纜車站附近的愛情鎖布置 **3** 蔥煎餅
是韓國山區景點最常見的小吃之一 **4 5** 八公
山的櫻花，約每年4月初綻放 **6 7** 11月初可以
來八公山欣賞紅黃交織的美麗楓景
(圖5、6圖片提供／大邱市文化體育觀光局)

參拜大佛像、祈願和平

遊賞去處

桐華寺
동화사

DATA

MAP P.33／D1
出地鐵站，公車
+步行約48分鐘

🌐 www.donghwasa.net 📮 대구시 동구 동화사1길 1(도학동)
📞 (053)980-7900 🕐 24小時 💲 大人3,000₩、青少年
2,000₩、小孩1,500₩；日出前、日落後、特殊活動時免費
➡ 參考本站交通指南，在桐華寺入口下公車後，依右方步行
路線Step by Step前往

新羅時期(西元493年)修建，原名瑜伽寺，後由
心地大師重建時，因為梧桐花盛開有吉祥的含意，
所以改名為桐華寺。大雄殿建於朝鮮時代，供奉著
阿彌陀佛、釋迦摩尼佛、藥師如來佛，殿外鳳棲樓
前、相傳為鳳凰卵的三顆石頭，據說摸著許願非常
靈驗。為了祈願南北韓統一，1992年設立供奉有
12層樓高的統一藥師如來大佛像，佛體內珍藏佛真
身舍利，旁邊的「法華寶宮」收藏許多珍貴佛教文
物，此外桐華寺也是秋天賞景的熱點，每年10月舉
辦的僧市節和菊花展更是吸引信徒遊客到此一遊。

桐華寺步行路線 Step by Step

桐華寺調整過大門位置，動線和一般寺廟不太
相同，以下介紹往寺內的步行路線。

Step 1 搭急行1公車在桐華寺站下車，往右後方斜坡
走上去。沿斜坡大路走約7分鐘到售票口，之
後再往裡面走約4分鐘，在停車場旁的觀光案
內所前往右側走。

觀光案內所

Step 2 之後再走約1分鐘的岔路口，左邊往大雄殿和
鳳棲樓。右轉往統一藥師大佛，到石橋、小溪
的岔路口，回程時若不想爬樓梯，可在此路口
走斜坡，稍微繞一下可回到鳳棲樓前。

往大雄殿和鳳棲樓　往統一藥師大佛
往統一藥師大佛
往大雄殿和鳳棲樓

Step 3 在Step2的石橋、小溪的岔路口右轉，走一下
到岔路口再右轉過橋。再走一下沿樓梯走上
去，即可到統一藥師大佛前。

統一藥師大佛

1 僧市節的多彩燈籠布置
2 3 美麗秋景也是這裡的特色
4 大雄殿前的鳳棲樓
5 統一藥師如來大佛

購物血拚

可轉乘多種交通工具的便利商場

新世界百貨 大邱店

신세계백화점 대구점

DATA

MAP P.133／C2 和地鐵站出口連通前往

🔗 www.shinsegae.com ✉ 대구시 동구 동부로 149(신천동) ☎ 1588-1234
🕙 10:30～20:00，假日到20:30，美食街到11:00～21:30 🚇 地鐵135東大邱站2號出口有連接通道

　　2016年底新落成開幕，結合東大邱綜合換乘中心，可連接搭乘高鐵、火車、巴士、地鐵等多樣交通工具，是大邱目前最主要的交通複合式商場。新世界百貨東大邱店有本館和別館，本館B1為美食街，1、3、4樓有通道可往高速／市外巴士站，5樓跨東大邱站鐵道的空橋，可連接往分館的大型兒童跳床遊樂場，本館8樓為美式風格的餐廳商店街，並有韓國KAKAO FRIENDS的周邊商品專賣店，9樓有適合小朋友玩耍的空中戶外主題公園，持百貨公司消費滿3萬韓圓的收據即可免費搭遊樂設施，還有結合小型動物園的水族館，是個在交通來往之餘，也可殺時間的好去處。

1 百貨公司外觀 2 5 6 韓國KAKAO FRIENDS的周邊商品專賣店 3 4 9樓的戶外主題公園和室內遊樂設施 7 8樓的餐廳美食街 8 B1美食街的美味蛋糕

特色美食

位置方便、時間彈性的覓食選擇

世界村馬鈴薯豬骨湯 東大邱店
누리마을감자탕 동대구점

DATA

http www.nurinuri.com 대구시 동구 동부로30길 8(신천동) (053)742-5857 24小時 個人鍋(解酒湯)9,000~12,000₩、湯鍋(2人以上)29,000~58,000₩、蒸餃6,000₩、白飯1,000₩、炒飯2,000₩ 地鐵135東大邱站2號出口往回直走1~2分鐘，右轉過馬路再直走1分鐘可到 可1人用餐(部分餐點)

　「馬鈴薯豬骨湯」是韓國常見的料理，據說以前窮苦年代吃不起豬肉，有人開始把切過、還帶有剩肉的豬骨拿來燉湯，加馬鈴薯則是為了更有飽足感，因而有這道料理的誕生。「世界村」是燉豬骨湯的連鎖專賣店，韓國人常將這熱湯飯當成早餐來吃，所以分店多為24小時營業，東大邱店位於旅館集中區靠大馬路的位置、交通方便，豬骨也燉的很軟爛入味，喜歡清湯的人也可以點排骨湯，從早餐到消夜都是不錯的選擇。

1 2湯鍋裡的馬鈴薯和豬骨都是美味重點 **3**一人份的排骨湯 **4**原味、泡菜蒸餃 **5**店家外觀

Menu

世界村馬鈴薯豬骨湯菜單

- ☐ 馬鈴薯豬骨湯 / 감자탕
- ☐ 辣馬鈴薯豬骨湯 / 얼큰감자탕
- ☐ 酸泡菜馬鈴薯豬骨湯 / 묵은지감자탕
- ☐ 海鮮馬鈴薯湯 / 해물감자탕
- ☐ 燉大骨 / 등뼈찜
- ☐ 辣燉大骨 / 매운불뼈찜
- ☐ 海鮮燉大骨 / 해물등뼈찜
- ☐ 大骨解酒湯 / 뼈다귀해장국
- ☐ 酸泡菜解酒湯 / 묵은지해장국
- ☐ 排骨湯 (清湯) / 갈비탕
- ☐ 營養特排骨湯 / 영양특갈비탕
- ☐ 部隊鍋 / 부대찌개
- ☐ 海鮮部隊鍋 / 해물부대찌개
- ☐ 馬鈴薯蒸餃 / 감자찐만두
- ☐ 蒸餃 (肉) / 고기왕만두
- ☐ 泡菜蒸餃 / 김치왕만두
- ☐ 炒飯 / 볶음밥
- ☐ 白飯 / 공기밥

特色美食
DATA

品嘗各式美味河豚料理
海金剛
해금강

MAP **P.133／C1**
東區廳站1號出口
步行約6分鐘

📧대구시 동구 신암4동 277-32 📞(053)954-2323 🕐09:30～21:30，最後
點餐21:00 🔒元旦、春節、中秋 💲河豚烤肉套餐20,000₩／人起、
白飯1,000₩、炒飯2,000₩，單點約10,000～30,000₩，另有其他套
餐；菜單有英文 ➡1.地鐵136東區廳站1號出口直走約6分鐘；2.東大
邱火車站後站過馬路到對面，右轉直走約4分鐘 🔓可1人用餐(套餐須2
人以上)

　　在大邱已經開業40年的河豚料理專賣店，依循韓國的「藥
食同源」概念，希望用好的食材來製作餐點，兼顧美味與營
養，讓客人吃得開心、吃得健康。這裡的熱門招牌菜，當然
就是大邱10味之一的烤河豚肉，還有河豚火鍋也是許多饕
客的指定菜，此外也有多樣河豚料理，如果很難決定要吃什
麼，不如就直接點套餐，依照不同預算來選擇，可以吃到更
多不同料理方法的河豚美味喔！

1店家外觀 2河豚蒸餃(外皮
添加墨魚製作) 3大邱10味的
烤河豚肉套餐

Menu

海金剛菜單

- [ ] 辣河豚湯／복매운탕
- [ ] 鮮河豚湯／복지리
- [ ] 河豚火鍋／샤브전골
- [ ] 辣燉鮟鱇河豚／복아구해물찜
- [ ] 涼拌河豚皮／복껍질무침
- [ ] 糖醋河豚／복탕수
- [ ] 河豚烤肉套餐／복불고기세트
- [ ] 河豚烤肉／복불고기
- [ ] 炸河豚／복튀김
- [ ] 河豚蒸餃／복만두
- [ ] 炒飯／복음밥
- [ ] 白飯／공기밥

特色美食

有勁口感、更勝炸雞

平和市場炸雞胗巷弄
평화시장 닭똥집골목

MAP P.133 / A1

出地鐵站轉搭
公車約3分鐘

DATA

📍대구시 동구 평화시장 🕐各店家不同，約中午左右至深夜 💲基本菜單各家差不多，可參考右頁菜單 ➡1.參考本站交通指南，在平和市場馬路邊尋找炸雞胗街標誌往巷內走；2.或從東城路周邊搭計程車來往，車程約15分鐘、車費約5,800₩ ⓘ可1人用餐，但若有喝酒，部分店家會要求先付費

炸雞是很多外國遊客來韓國要嘗試的美食，但是來到大邱，不妨來吃看看炸雞胗吧！從大邱平和市場的小巷開始，咀嚼有勁、富有口感的炸雞胗成為熱門下酒菜，也是大邱的特色料理，現在這裡有數十家炸雞胗專賣店，巷弄中小舞台旁的幾家創始老店，或是靠近大馬路、有創新吃法的店家，都是不錯的選擇。各家菜單差不多，基本為2～3人份，人多的話點加炸雞的綜合套餐才滿足喔！

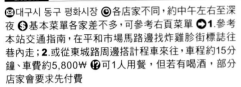

124炸雞胗巷弄的標誌和巷弄內入口 3巷弄中小舞台的裝飾布置

THE 大本部
더 큰본부

DATA

📍대구시 동구 아양로9길 8(신암동) 📞(053)944-7458 🕐11:00～翌日01:00，最後點餐打烊前1小時 ❌每月第2、4個週三 💲炸大章魚雞胗35,000₩，炸魷魚雞胗30,000₩、炸蝦雞胗27,000₩，其餘和雞胗大統領類似 ➡位於平和市場炸雞胗巷弄裡

位於炸雞胗巷弄入口的醒目位置，除了基本菜單炸雞胗外，還有可搭配大章魚、魷魚或炸蝦的豪華組合，是不可錯過的海陸美味搭配。

雞胗大統領
똥집대통령

DATA

📍대구시 동구 아양로9길 7(신암동) 📞(053)941-5580 🕐12:00～翌日04:30，最後點餐03:30 💲綜合炸雞胗17,000₩，其他餐點12,000～24,000₩，套餐(2～3人份)20,000₩起 ➡位於平和市場炸雞胗巷弄裡

同樣在炸雞胗巷弄的入口，雖然菜單內容和其他店家大致相同，但位置方便好找，炸雞胗和炸雞的味道都不錯，也是可參考的選擇。

Menu

平和市場炸雞胗巷弄菜單

炸雞胗類
- ☐ 綜合炸雞胗(原味＋調味＋醬油) / 모듬똥집
- ☐ 原味炸雞胗 / 튀김똥집
- ☐ 調味 / 양념
- ☐ 醬油 / 간장
- ☐ 辣調味 / 매운양념

- ☐ 起司 / 치즈맛
- ☐ 炒雞胗(加蔬菜) / 볶음똥집
- ☐ 裸炸雞胗(無麵衣) / 누드똥집
- ☐ 醬油裸炸雞胗 / 간장누드똥집
- ☐ 煎餃 / 군만두

豪華加料類
- ☐ 炸大章魚雞胗 / 문어똥집
  - 非每家店都有(THE 大本部有售)
- ☐ 炸魷魚雞胗 / 오징어똥집
- ☐ 炸鮮蝦雞胗 / 새우똥집
- ☐ 燒酒 / 소주
  - 類別、品牌、口味等，建議可去冰箱自選

- ☐ 啤酒 / 맥주
- ☐ 生啤酒(杯裝、分不同容量) / 생맥주
- ☐ 飲料 / 음료수
- ☐ 煮泡麵 / 라면
- ☐ 蒸蛋 / 계란찜

炸雞組合類
- ☐ 原味炸雞 / 후라이드치킨
  - 半半(반반)：2 種口味各半，蒜味非每家都有
- ☐ 調味炸雞 / 양념치킨
- ☐ 醬油炸雞 / 간장치킨
- ☐ 蒜味炸雞 / 마늘치킨
- ☐ 無骨炸雞 / 순살치킨

- ☐ 半半炸雞 / 반반치킨
- ☐ 炸雞＋炸雞胗組合 / 치킨＋똥집 셋트
  - 炸雞一隻(한마리)、半隻(반마리)；附飲料
  - 半半：大(대)、小(소)
- ☐ 炸雞＋綜合炸雞胗 / 치킨＋모듬똥집
- ☐ 炸雞＋半半炸雞胗 / 치킨＋반반똥집

其他雞肉類
- ☐ 蒸雞 / 찜닭
  - 無骨(순살)、一隻(한마리)、半隻(반마리)
- ☐ 辣味 / 매운맛
- ☐ 幾乎不辣 / 순한맛
- ☐ 調味蒸雞 / 양념찜닭

- ☐ 醬油蒸雞 / 간장찜닭
- ☐ 炒飯 / 볶음밥
- ☐ 白飯 / 공기밥
- ☐ 炒雞腳(無骨/뼈없는) / 닭발볶음
- ☐ 炸雞腳 / 닭발튀김

1 肥美好吃的油炸大章魚腳 **2** 炸雞胗基本三味：原味、醬油、調味(辣味)
3「半半」炸雞，醬油、調味各半

炸雞體驗主題公園

噹噹樂園
땅땅랜드

從大邱開始的炸雞品牌「噹噹炸雞」,「噹」類似韓文「土地」的讀音,品牌有「好吃的土地、快樂的土地」的含義,2018年在位於大邱的品牌廠區規畫了世界首個炸雞製作主題公園,從參觀與雞有關的展示品開始,整個體驗過程約90分鐘,不僅能繪製自己專屬的外帶炸雞盒,還能親手製作美味的炸雞,不用擔心語言隔閡,透過生動有趣的解說影片,以及現場工作人員的步驟帶領,最後把裹好粉的炸雞送入廚房,可以看到半開放式廚房的油炸過程。在休息座位區領到自己的炸雞品嘗時,還有提供無限暢飲的汽水和咖啡,是大邱很不錯的親子同遊景點。

▎DATA

🌐 ttland.co.kr ✉ 대구 동구 팔공로 220-2(봉무동) ☎ (053)721-7599(可請大邱的觀光案內所協助預約) 🕐 體驗時段10:00～16:00,電話諮詢預約09:00～18:00 🈺 每週一、元旦、農曆新年、中秋當天 💲 炸雞體驗20,500₩、炸雞＋漢堡體驗26,500₩ ➡ 公車站牌為「不老洞古墳群前」(불로동고분군앞),從東城路商圈＆周邊出發,往大邱機場、八公山的方向:**1**.搭公車:搭401、急行1(급행1)號公車,車程約30～40分鐘,下車後步行約3分鐘。**2**.搭計程車:車程約20分鐘、車費約13,000₩ ⓘ 請勿攜帶外食,酒類需另購 🗺 封底裡

美味炸雞DIY

海印寺交通 Step by Step

尋訪世界文化遺產的賞楓之旅

遊賞去處

海印寺
해인사

DATA

 MAP P.8
搭巴士，車程
約1小時40分鐘

🌐www.haeinsa.or.kr 🏠합천군 가야면 해인사길 122 ☎(055)934-3000 🕐以日出後、日落前為主，販賣部08:30～18:00(冬季到17:00) 💵3,000₩，車上收費，收票員上班時間外免收 ➡參考右邊交通Step by Step ⓘ藏經板殿從外圍參觀並禁止攝影拍照

建造於新羅時代(西元802年)的海印寺，是韓國三大寺院❶之一，位於慶尚南道陝川郡，1995年列入世界文化遺產，寺內有舉世聞名的八萬大藏經(國寶第32號)，以及保存大藏經的藏經板殿(國寶第52號)等眾多文物，此外也是韓國東南部欣賞秋景楓紅的熱門景點，從大邱轉乘市外巴士可方便抵達，適合安排為一日或半日小旅行❷。

❶海印寺、通度寺(慶尚南道梁山市)、松廣寺(全羅南道順天市)。
❷秋季賞楓建議早上07:00前從大邱出發，較可避開參觀人潮；建議可自備簡單食物和飲用水前往。

Step 1 從大邱西部巴士站(P.20)出發，搭乘前往海印寺入口的市外巴士，07:00～20:00每1～2小時一班車，車程約1小時40分鐘、車費7,100₩。

Step 2 在海印寺入口下車，往旁邊斜坡上、跟著指標走。海印寺入口非終點站，若搭到最後才下車，只要往回走約8分鐘即可回到海印寺入口。從入口跟著指標走到海印寺約需20分鐘。

Step 3 回程時在入口對面的小票亭購票等車，班次時刻和去程差不多，最多班的是往大邱(대구、指西大邱)，建議預先確認時間班次。

海印寺入口的小票亭

❶❷❹位於伽倻山的海印寺，除了是韓國有名的佛教聖地，周邊也是欣賞秋景的好去處
❸海印寺的主殿「大寂光殿」

2號線

Line 2

逛主題遊樂園、俯瞰市區景色

頭流站
두류역 (226)

龍山站
용산역
223

竹田站
죽전역
224

甘三站
감삼역
225

頭流站
두류역
226

內唐站
내당역
227

小嶺站
반고개역
228

新南站
신남역
229
329

3號線

←汶陽站 문양역

영남대역 嶺南大站→

144

頭流站

頭流站位在大邱市區的頭流公園附近，站名來自公園和旁邊的頭流山，主要為前往E-world遊樂園和83塔時會利用的地鐵站。頭流公園是市區內賞櫻花和秋景的好地方，歐式風格的E-world是大人小孩都喜歡的遊樂園，也是情侶約會的熱門地點，俗稱「大邱塔」的83塔，則是大邱市區的著名地標，也是俯瞰周邊景色的好地方。頭流站通常人潮不多、遊客較少，每年暑假舉辦的炸雞啤酒節，是相對來說最熱鬧的時候，地鐵站連接小型地下街，如果有到此站可以順便逛逛。

豐富慶典活動、大邱的重要地標

E-world、83塔
이월드、83타워

http www.eworld.kr ✉大邱市達西區頭流公園路200(頭流洞) ☎(053)620-0001 ➡地鐵226頭流站15號出口,往前順彎左轉,直走約5分鐘可到入口前廣場 ⏰時間、票價、83塔接駁車請參考右頁的參觀說明

　　E-world是市區裡的大型主題遊樂園,結合歐風花園和各種遊樂設施,以及受注目的夜晚精采活動,春季賞夜櫻、夏天燦爛煙火、冬季燈飾慶典等,讓這裡一年四季都充滿歡樂氣氛,不玩遊樂器材也會是拍照好去處。位於遊樂園旁、高202公尺的83塔,是大邱的重要地標,登上展望台可俯瞰市區樣貌,周邊密集的櫻花樹,每當4月初盛開之時,讓此處成為賞櫻花的熱點,而色彩豐富的公園秋景也令人心情舒暢,塔上還有各式餐廳、咖啡廳、美食街和溜冰場,是休閒遊逛的好去處。

E-world、83塔參觀說明

E-world

　　時間依據不同因素調整，約是09:30～10:00開始，20:00～22:00打烊，票價如下：

對象／票種	自由利用券	夜間自由券(17:00～打烊)
大人(19歲以上)	49,000₩	35,000₩
青少年(14～19歲)	44,000₩	33,000₩
小孩(3～13歲)	39,000₩	33,000₩

83塔

　　不一定要進遊樂園，可在面對E-world入口左後方停車場旁邊搭免費接駁車，10:00～22:00每半小時一班，單程約3～5分鐘，每月第1、3個週一公休(週一為假日則隔天休)，或是從停車場步行約15分鐘也可以到83塔前。在1樓餐廳入口旁可購買門票、搭乘電梯，展望台營業時間，11:00～21:00，票價大人10,000₩、小孩8,000₩，另有優惠套票；其餘展覽、溜冰場、餐廳等營業時間各異。

往83塔的免費接駁車

　　123568E-world裡各處漂亮造景，不只是遊樂園，更是拍照好去處 3遊樂園的入口廣場
481層的戶外廣場 7從83塔上可眺望頭流公園景色

特色美食

香辣帶勁的章魚蓋飯

善良的章魚 頭流店

착한낙지 두류점

MAP P.145 / B1

15號出口
步行約7分鐘

DATA

✉대구 달서구 야외음악당로243(두류동) ☎(053)622-9993 ⏰11:00～22:00，最後點餐21:00 💲辣炒章魚蓋飯14,000₩、章魚海鮮煎餅13,000₩ ➡地鐵226頭流站15號出口，往前順彎左轉，直走約4～5分鐘的路口左轉，再直走約2分鐘 👤可1人用餐

Menu

善良的章魚菜單

☐ 辣炒章魚蓋飯 / 낙지볶음덮밥
☐ 章魚海鮮煎餅 / 낙지해물파전
☐ 章魚蒸餃 / 낙지통만두
☐ 里脊炸豬排 / 통등심 돈까스
☐ 小朋友炸豬排 / 어린이 돈까스
☐ 辣味 / 매운 맛
☐ 一般味 (基本辣) / 순한 맛
☐ 1 階段 / 1 단계
☐ 2 階段 / 2 단계
☐ 3 階段 / 3 단계

　　大邱不靠海，雖然沒有大型海鮮市場，但市區裡仍有各式海鮮料理餐廳，其中口感有嚼勁、富含多種營養成分的章魚，深受許多饕客的喜歡。章魚的脂肪含量低，富含牛磺酸和蛋白質，有助於恢復元氣、促進新陳代謝，朝鮮名醫許浚也在其著作《東醫寶鑑》裡提到食用章魚的功效，如果剛好又愛吃辣，那更是不能錯過「善良的章魚」的辣炒章魚蓋飯，使用整隻章魚腳入菜，要吃之前記得先剪成小塊，還有用料豐富的章魚海鮮煎餅，更是不能錯過！

1 店家的復古矮房外觀 **2** 可以解辣的酸口味海帶涼湯，喝完可在吧台自助式取用 **3** 先用剪刀把章魚腳剪成適口小塊 **4** 章魚海鮮煎餅 **5** 辣口味的料理很下酒

特色美食

口味清爽的下酒好料

藍色的辣涼拌海鮮

푸른회식당

DATA

MAP P.149
小嶺站1號出口
步行約7分鐘

✉大邱 西區 達句伐大路375길 14-1(內唐洞) ☏(053)552-5040 ⏰內用 11:00～22:00，最後點餐21:30，外帶07:00起即可 🈺內用每週一公休，外帶照常 💲辣涼拌海鮮類(中)18,000₩起 🚇地鐵228小嶺站1號出口，直走約5分鐘右轉，再直走約2分鐘左側 ℹ可1人用餐(但不建議)

![Menu]

藍色的辣涼拌海鮮菜單

- ☐ 辣涼拌魷魚 / 오징어 무침회
- ☐ 辣涼拌魟魚 / 가오리 무침회
- ☐ 辣涼拌鰈魚 / 미주구리 무침회
- ☐ 辣涼拌石斑 / 우렁이 무침회
- ☐ 燉魟魚 / 가오리찜
- ☐ 燉鮟鱇魚 / 아구찜
- ☐ 扁餃子 / 납작만두
- ☐ 追加蒸蛋 / 계란찜 추가

　　在頭流公園附近、內唐洞的巷子裡，聚集了很多專賣辣涼拌海鮮的店家，除了內用之外，因為大邱人喜歡放假時出外踏青，會把這道料理帶去公園或山上，當成下酒的配菜，所以從一大清早就能開始點餐外帶，此處會形成辣涼拌海鮮的專門一條街，也許就跟頭流公園有關係吧！比起配白飯，大邱人吃辣涼拌海鮮的時候，更常用扁餃子包著吃，感覺更清爽對味！

小嶺站周邊街道圖

3號線

Line 3

逛最大傳統市場與豐富夜市

西門市場站
서문시장역 (328)

院垈站
원대역

北區廳站
북구청역

達城公園站
달성공원역

西門市場站
서문시장역

青蘿之丘站
청라언덕역

南山站
남산역

明德站
명덕역

||||| 325 ||||| 326 ||||| 327 ||||| 328 ||||| 329/229 ||||| 330 ||||| 331/129 |||||

2號線

1號線

←漆谷慶大醫院站 칠곡경대병원역

용지역 龍池站→

位 在大邱最知名、規模最大、歷史最悠久的傳統市場旁。西門市場是朝鮮時代三大市集❶的發源之一，於1770年代形成，最早是特定日期的5日市集，後來才改成常設市場，原本位於古大邱邑城的西城路，20世紀後為了市區範圍擴充，市場才搬遷到現在的位置，隨著地鐵3號線開通，更帶動整體商圈發展，早市、夜市各有不同特色，行程規畫時，安排在第一站、最後一站都適合。本站和東城路商圈雖然有些距離，但亦可用其他方式來往❷，以節省地鐵換線所需的時間。

❶ 除大邱的西門市場，另2個為江景市場(韓國忠清南道論山市)、平壤市場(北韓)。
❷ 西門市場和東城路商圈之間，步行約20分鐘，搭計程車車程約5分鐘、車費約4,000₩。

遊賞去處

大邱最大、應有盡有的傳統市場

西門市場、夜市
서문시장、야시장

DATA

MAP **P.152 / C3**

2、3號出口
出站即到

http seomun.eneeds.gethompy.com ✉ 대구시 중구 큰장로26길45(대신동)
☎(053)256-6341 🕐 市場：09:00～19:00；夜市：週日～四19:00～23:30、週五～六19:00～24:00，冬季12～2月營業到23:00 休市場：每月第1、3個週日；夜市：全年無休 地鐵328西門市場站2、3號出口旁即到

現在的西門市場，除了是韓國有名的布料市場，更是熱門小吃美食聚集地，從地鐵站側的各入口進去，一直延伸到市場各處，滿滿都是小吃攤❶，有點像首爾的廣藏市場，但是第二商區裡的流行服飾(B1、1F)、可愛襪子(2F)、手作藝品(3F)等，讓此處也成為逛街掃貨的好去處，記得用現金消費較便宜，此外各種生活用品、五金雜貨等應有盡有，再加上新開幕的大型夜市，讓傳統市場也可變身為另類的夜生活。

❶ 2016年底西門市場發生火災後，部分攤商暫停營業，市場內封閉區域請看本站地圖說明。

1 西門市場招牌，從這裡進去，白天是乾貨街，晚上是夜市 **2 3** 市場內的逛街人潮 **4** 第二區1樓、B1有大人小孩的流行服飾可選購

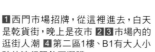

西門市場站周邊街道圖

往三星商會舊址
삼성상회터

達城公園站
달성공원역

地下街出口

地下街出口

국채보상로

北1門

三美辣蒸排骨
삼미갈비찜

名品廣場
명품프라자

西3門 큰장로 28 길

火災封閉區

東3門

阿錦商區
아진상가

電梯

西門市場站
서문시장역

大邱 錦山人蔘
대구 금산인삼

第一商區
1지구상가

明臣手工刀切麵
명신손칼국수

第四商區
4지구상가

釜山魚糕小販
부산어묵장돌이

東2門

西2門

辣味刀切麵
얼큰이칼국수

第二商區
2지구상가

南2門

觀光案內所
관광안내소

西門市場
서문시장

東山商區
동산상가

monnani辣炒年糕
몬나니떡볶이

南1門

東1門

西1門 큰장로 26 길

西門市場夜市
서문시장 야시장

乾貨商區
건어물상가

第五商區
5지구상가

可利用站內穿越通道過馬路
(不用付費，可直接走過去)

西門市場巷弄介紹：

1 粉食小吃
2 拌飯、豆乳湯麵、麵線
3 煎餅、肉串、辣炒年糕、魚糕小吃
4 辣炒年糕、糖餅

5 湯麵
6 小吃、毛線
7 寢具、毛巾、包包、行李箱

西門市場商區介紹：

第一商區：各種衣服、西裝、窗簾、寢具、韓服布料，手工藝品
第二商區：流行服飾，童裝、襪子、內睡衣，布料等手工藝材料
第四商區：熟齡、休閒服飾、童裝、韓服、棉被，布匹等手工藝材料
第五商區：生活、廚房雜貨，棉被、窗簾，熟齡、休閒、兒童服飾
阿錦商區：衣類材料、衣類修改、包包材料、帽子
東山商區：烹飪、結婚、祭祀、清潔用品，熟齡、休閒、兒童服飾
乾貨商區：海鮮類乾貨製品，如：海帶、紫菜、蝦米、各種魚乾
名品廣場：各種衣飾、寢具用品、生活雜貨、毛巾

啟星中學
계성중학교

CU便利商店

儂特利
(LOTTERIA)

往美聖堂本店

新南站
신남역

西門市場夜市

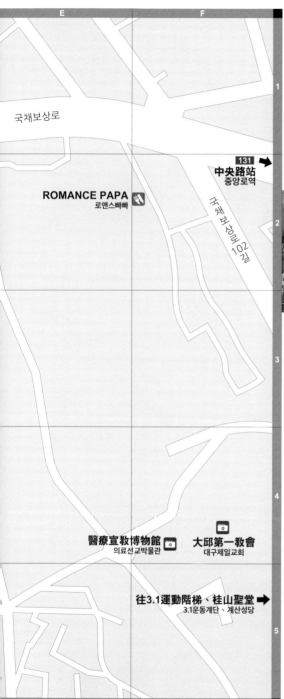

國채보상로

ROMANCE PAPA
로맨스빠빠

131 ➤
中央路站
중앙로역

국채보상로102길

醫療宣教博物館
의료선교박물관

大邱第一教會
대구제일교회

往3.1運動階梯、桂山聖堂 ➤
3.1운동계단、계산성당

12西門市場的夜市，從頭到尾有約80攤營業，內容相當豐富**3456**夜市裡以美食的選擇最多，直接到現場看看想吃哪種吧

熱門小吃美食聚集地

西門市場第二
商區的標誌

來到西門市場,不只是逛街,更要品嘗在地小吃,雖然火災之後,部分攤位暫時停業,但無論是韓國特色,或是大邱專屬,仍有不少豐富選擇,還有第二商區的B1,也有很多美食聚集,或許感覺樸實、還要人擠人,但這就是最原汁原味的真實生活體驗喔!

刀切麵 칼국수

刀切麵是市場裡最常見的小吃,在麵條裡加入鯷魚高湯和蔬菜,直接吃或加醬料、泡菜湯汁調味都可以。(每碗5,000₩)

多數攤商將水、餐具和小菜放在桌上,直接取用即可喔!

Menu

刀切麵攤商菜單(可通用)

- ☐ 刀切麵 / 칼국수
- ☐ 麵疙瘩 / 수제비
- ☐ 2樣混合 / 섞어
- ☐ 湯麵線 / 잔치국수

扁餃子 납작만두

大邱特色的扁餃子,市場裡經常可看見,多半和辣炒年糕搭配一起吃,攤販的大多是機器製作,部分口感屬於偏硬、有咬勁。(每份3,000₩)

魚糕串 어묵

把魚漿拌入各種蔬菜,塑形炸或蒸熟後的韓國常見小吃,一般以高湯加熱為主,大邱則是多會加一鍋拌辣醬的。(每串1,000₩)

辣炒年糕 떡볶이
血腸 순대

韓國最常見的小吃天王,來到西門市場也不可錯過,辣炒年糕多會和扁餃子一起吃,血腸搭配豬內臟也是豐富精華。(每份3,000~4,000₩)

五穀糖餅 씨앗호떡

韓國的傳統小吃，餅皮裡包入糖粉和五穀雜糧，經過油炸後，內餡化為糖漿，吃的時候要小心燙口！

樹葉形狀手工餃子 나뭇잎형손만두 辣味魚糕 매콤한양념오뎅

表面做成樹葉形狀的手工煎餃子，以及搭配白菜、豆芽菜一起吃的辣味魚糕，是西門市場裡上過電視的熱門小吃。

特色美食　人氣小吃的新鮮吃法

MAP P.152 / A3
3號出口
步行約5分鐘

monnani辣炒年糕 本店
몬나니떡볶이 본점

DATA

🌐monsfood.co.kr ✉대구시 서문시장 2지구 지하1층 서106호 ☎(053)427-7080 🕙10:30〜17:00，最後點餐17:00 ❌每月第1、3個週日 💲血腸辣炒年糕(순대떡볶이)單點7,000₩(2人份)，三角炸餃子(삼각만두)4,000₩，套餐(세트、2人份)以12,000₩起(含飲料) ➡參考西門市場，位於第2商區B1西(서)106號 ❓可1人用餐(基本2人份)，吃不完可打包；水和酸黃瓜自助取用

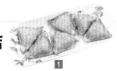

辣炒年糕和血腸是韓國最常見的小吃之一，最早從大邱達西市場開始的「monnani」辣炒年糕連鎖店，希望用不同以往的料理方法，提供給顧客新的味道。這裡最主要的菜單，就是「血腸、辣炒年糕加韓式冬粉」，為了提升口味品質，取代一般小吃攤用清水，以蘿蔔和海帶熬製高湯，客人點餐後才開始製作，上桌前再加海苔、洋蔥、芝麻葉和芝麻粉調味，小辣又微甜的口感，吸引饕客多走幾步來品嘗。

■1三角炸餃子 ■2店家用餐區 ■3主要餐點「血腸、辣炒年糕加韓式冬粉」

特色美食

加料豐富海鮮、CP值有魅力

辣味刀切麵
얼큰이칼국수

MAP P.152 / A3

3號出口
步行約5分鐘

DATA

✉ 대구시 서문시장 2지구 지하1층 동101호 ☎ 010-2505-5042 ⏰ 10:30～18:00，最後點餐18:00 ⏱ 春節、中秋 💲 每碗8,000₩ ➡ 參考西門市場，位於第2商區B1東(동)101號 ℹ 可1人用餐，請依照人數點餐，水、泡菜、醬料等自助取用

Menu

辣味刀切麵菜單

☐ 辣味 / 얼큰이
☐ 海鮮 / 해물
☐ 刀切麵 / 칼국수
☐ 麵疙瘩 / 수제비
☐ 以上混合 / 칼제비

　　西門市場到處都有刀切麵，為何要特別去地下室吃？「辣味刀切麵」雖然位在要多走路的地下室美食街，價格還比攤商的高了一些，但依然有吸引人潮的魅力，就在於豐富的加料海鮮：魷魚、紅蛤、蝦米和蟹腳，整碗麵CP值瞬間提升，就算要等半小時也甘願。先在櫃台點餐結帳，有分辣味、海鮮原味，拿號碼牌等位子，入座後再等麵送來，建議一開店就盡快來吃，尤其避開用餐尖峰時間，並且要一人點一碗唷！

1 辣味和原味刀切麵，空鍋子是用來丟海鮮殼
2 店家用餐區

特色美食

市場小巷裡的隱藏美味

三美辣蒸排骨
삼미갈비찜

MAP P.152 / B2

2號出口
步行約2分鐘

DATA

✉ 대구시 중구 큰장로28길 25(대신동) ☎ (053)255-3123 ⏰ 10:00～20:00，最後點餐19:00 ⏱ 春節、中秋 💲 辣蒸排骨牛肉16,000₩、豬肉9,000₩，基本須點2份，加章魚(낙지추가)8,000₩，紫米飯(공기밥)1,000₩(另計) ➡ 地鐵328西門市場站2號出口旁進市場，直走約1分鐘路口右轉，再走一下左邊弄口左轉，再走一下即到 ℹ 可1人用餐(基本須點2人份)，紫米飯可單點1碗

　　在市場邊角、低調隱密的食堂巷弄裡，也可用實惠價格，吃到大邱知名料理辣蒸排骨！「三美辣蒸排骨」已開業30多年，有牛、豬肉可選，以小排骨40%+頸肉60%製作，可依口味調整辣度(參考P.47實用韓文)，最特別的是加點整隻章魚來搭配，排骨肉和章魚可用生菜包著吃，或是和小菜一起拌在紫米飯裡吃，建議避開用餐尖峰，不然可是很容易客滿要排隊喔！

1 店家外觀 2 2人份辣蒸豬排骨&加點章魚

特色美食 **DATA**

老屋新生、享受優閒午後時光

羅曼史韓屋咖啡 ROMANCE PAPA
로맨스빠빠

📮 대구시 중구 국채보상로 492-6(동산동) 📞 (053)425-0799 🕐 12:00～22:00 🚫 春節、中秋當天 💲 各式飲料點心3,500～6,500₩，冰飲加500₩，有英文菜單 ➡️ 地鐵328西門市場站1號出口直走約1分鐘右轉，直走約3分鐘巷口右轉，再直走一下右側

　　傳統低調的韓屋外觀，沒有明顯的大招牌，只在店門口掛的小木牌上，簡單寫著「커피집」(咖啡家)。「ROMANCE PAPA」喜歡懷舊氛圍的老闆，將韓屋改造成咖啡店，賦予新的感覺，店名取自韓國的老電影名稱，跟店裡的舊式電影院座椅相呼應。從代表朝鮮半島的老虎圖案掛飾和小木桌，到席地而坐的韓式炕房包廂，點綴布置著韓式漆藝櫥櫃，復古唱片音響和舊式算盤，這裡座位數量不多、沒有壓迫感，可以舒適地享受午後時光，悠閒喝著復古玻璃杯裝的咖啡，此外也不能錯過隨季節替換推出的各式手工甜點喔！

3號線

Line 3

水邊休閒公園、散步賞夜景

壽城池站
수성못역 (338)

壽城區民運動場站
수성구민운동장역

兒童會館站
어린이회관역

黃金站
황금역

壽城池站
수성못역

池山站
지산역

凡勿站
범물역

龍池站
용지역

335	336	337	338	339	340	341 終點站

←漆谷慶大醫院站 칠곡경대병원

壽城池站周邊街道圖

黃金站
황금역

壽城池站
수성못역

德安路美食城
들안로 음식타운거리

鹿養
녹양

斗山五岔路口
두산오거리

Bareumi名品韓牛
바르미 명품한우

壽城遊園地
수성유원지

池山站
지산역

壽城遊樂園
수성랜드

壽城池
수성못

櫻花樹密集區

鴨子船搭乘處
오리배타는곳

星巴克
스타벅스

Angel-in-us
coffee

海多海 綜合烤貝
씨다씨

壽城飯店
호텔 수성

阿斯多羅 韓牛自助中心
아사다라 한우셀프센터

三松1957
삼송1957

北

壽城區是大邱東南部的行政區，來到此區常可看到「仁者壽城」(인자수성)的標語，這是從論語‧雍也篇的「仁者壽」而來，和「壽城」二字結合的新造語，希望讓這裡的人們都有溫暖的生活環境。壽城區西南邊的人造湖水「壽城池」，是大邱市區有名的水邊公園，周邊有各式餐廳、咖啡店聚集，也有不少活動會在此舉辦，地鐵3號線通車後，來往交通更加方便，成為大邱市民喜愛的戶外休閒去處，此外這裡也很適合夜間散步，夏天晚上在展望台欣賞附近夜景，也是一種簡單但美好的享受。

散步休閒、約會賞夜景

壽城遊園地
수성유원지

遊賞去處 / **DATA**

MAP P.159 / C2
1號出口
步行約7分鐘

🌐suseongland.co.kr ✉대구시 수성구 두산동 ☎(053)666-2000 ⓒ中央噴泉目前為不定時演出 💲免費；遊樂園設施單次2,500～5,000₩，鴨子船每30分鐘10,000₩起(2人) 🚇地鐵338壽城池站1號出口左邊過小馬路，到對面左轉直走約4分鐘的「斗山五岔路口」，右斜對面就是壽城池，過馬路再直走約3分鐘可到池邊

　　壽城池建於1925年，最早是農業用水池，現在則是運動休閒公園，周邊聚集各式咖啡店和酒吧，對面的德安路美食城，有各國料理餐廳。沿壽城池漫步一圈約需1小時，夏天在長椅上乘涼，或是在春天櫻花路、秋天林蔭道散步，也可在池中踩著鴨子遊覽船，圍繞池水邊的空地，常會舉辦各種類別的活動，特別是天氣好的週末假日，結合夜間燈飾、美食餐車和假日手作市集，在岸邊欣賞夜間噴泉演出，還有街頭藝人和年輕學生們的音樂歌唱表演，也讓此處成為約會、賞夜景的好地方。

1 3 沿著壽城池四周，是大邱人喜歡的休閒運動空間 **2** 壽城池旁可眺望的湖景 **4** 這裡也可以搭乘鴨子船遊覽

再現海邊烤扇貝、吃海鮮的場景

海多海 壽城池店
씨다씨 수성못점

特色美食 / **DATA**

MAP P.159 / C3
1號出口
步行約16分鐘

✉대구 수성구 용학로 76.3층(두산동) ☎0507-1326-2016 ⓒ16:00～24:00，最後點餐23:30 💲綜合烤貝(小、2人)55,000₩起、綜合海產50,000₩、鮑魚粥20,000₩、海鮮刀切麵10,000₩ 🚇參考本頁壽城遊園地，從地鐵338壽城池站走到池邊，不要轉彎繼續往壽城飯店的方向走，地鐵站走到店前約16分鐘 🔸從麵包店裡搭電梯往3樓

　　沒細看還以為是來到了哪個海邊，以壽城池為背景的綜合烤貝餐廳，從贈送的奶油焗烤蝦和魚板海鮮湯鍋開始，推薦點烤扇貝＆牛角蛤的組合，生章魚、海腸、海參、海鞘的綜合生海鮮拼盤，記得要沾以鹽＋芝麻油製作的沾醬一起吃，還有加料豐富、容量超大碗的海鮮刀切麵，以及用鮑魚內臟熬煮的鮑魚粥，來到不靠海的大邱，也是可以吃海鮮佐美景唷！

Menu

海多海菜單

- ☐ 綜合烤貝 / 조개 모듬구이
- ☐ 烤扇貝＆牛角蛤 / 가리비 & 키조개
- ☐ 綜合海鮮 (生) / 해산물 모듬
- ☐ 生章魚 / 산낙지
- ☐ 海腸 / 개불
- ☐ 海參 / 해삼
- ☐ 海鞘 / 멍게
- ☐ 鹽烤大蝦 / 왕새우 소금구이
- ☐ 焗烤大蝦 / 왕새우 버터구이
- ☐ 生鮮蝦 / 생새우회
- ☐ 鮑魚粥 / 전복죽
- ☐ 海鮮刀切麵 / 해물 칼국수
- ☐ 追加起司 / 치즈 추가

特色美食　DATA

這裡不賣鹿肉，賣生牛肉

鹿養 斗山店
녹양 두산점

MAP P.159／C2

1號出口
步行約12分鐘

🏣大邱市 水城區 無學路17길 21(두산동) 📞(053)767-9922～3 🕐12:00～24:00，最後點餐22:30 🈺春節、中秋 💲綜合套餐中90,000₩(2～3人)、大100,000₩(3～4人)，單點每份50,000₩起 ➡️參考壽城遊園地，在「斗山五岔路口」不要過馬路，直接右轉直走約8分鐘，停車場右轉進去即到 🈯可1人用餐(但不建議)

招牌上是鹿，店名又叫「鹿養」，這裡真的賣生牛肉嗎？這裡真的是大邱10味的生牛肉專賣店，因為50年前鹿肉是有名但昂貴的補品，第一代老闆就用了鹿為名稱。「鹿養」的牛肉是以韓牛❶為主，建議可點綜合套餐拼盤，除了兩盤生牛肉(切片、條狀各一)，還有炭火烤肉和烤腸，再加上多種小菜，相當豐盛滿足呢！

❶「韓牛」(한우)為特定牛種，依油花分成5級，口感最受韓國人喜愛，頂級韓牛肉是尊貴禮品的象徵。

Menu

鹿養菜單

- ☐ 生牛肉(切片) ／ 생고기
- ☐ 生牛肉(條狀) ／ 육회
- ☐ 生牛脊髓 ／ 등골
- ☐ 生牛肝、肚 ／ 간천엽
- ☐ 炭火烤肉 ／ 석쇠불고기
- ☐ 綜合 ／ 모듬
- ☐ 大醬湯鍋 ／ 된장찌개
- ☐ 白飯 ／ 공기밥
- ☐ 燒酒 ／ 소주
- ☐ 啤酒 ／ 맥주

❶店家馬路邊的入口招牌 ❷❸綜合套餐，有兩種生牛肉、炭火烤肉&內臟

大邱近郊小旅行

搭地鐵玩遍
大邱

「達城郡」是位在大邱市區南部、西部的行政區，雖然各景點來往車程較長，位置也較分散，但是可暫時遠離都市的喧囂，也是來到大邱旅遊不可錯過的好選擇，除了印象篇的辣鯰魚湯，這裡再精選3個郊區景點介紹給讀者，並替大家規畫了1日遊行程，只要跟著書上的交通步驟前往，就可以體驗有別於城市鬧區的韓國與大邱喔！

The ARC

디아크

水資源文化空間、賞美麗夜景

DATA

http blog.naver.com/kweco ✉대구 달성군 다사읍 강정본길 57(죽곡리) ☎(053) 585-0916 ⏰展示館B1～2樓10:00～18:00；展望台、咖啡店到22:00(夏季到23:00) ✖展示館元旦、週一休館 ＄免費 ➡參考P.168達城郡景點交通指南＆行程規畫 ⓘ租借電動車的店家位於The ARC主建築外步行約11分鐘，騎乘時請注意安全；夏季戲水請自備毛巾和換洗衣物 MAP封底裡

　　為了強調水資源的重要，在韓國最長的洛東江旁建了The ARC[1]水文化館。外觀圓弧形、晚上會變色的主建築，以「水」為主題，結合藝術作品和劇場演出，成為複合式文化空間，3樓觀景台還可欣賞周邊景色。夏日午後和週末假日，戶外廣場是熱門的親子休閒空間，噴水池尤其受到小朋友的喜愛，還有大邱現代美術祭等戶外藝文活動會在此舉辦，此外結合旁邊的江亭高靈洑[2]，是大邱知名的夜晚賞遊景點。

[1] The ARC有Architecture of River Culture及Artistry of River Culture的涵義。

[2] 洑(보)，中文稱為「堰」，是一種比水壩小的水利設施。

1 圓弧形的The ARC建築外觀 2 夏日午後常可看到家長在這裡溜小孩 3 夏季的戶外噴水池，也是小朋友們喜歡的重點 4 附近可租借自行車、電動車，但是請小心安全

馬飛亭壁畫村
마비정벽화마을

體驗鄉村風光與熱鬧活動

DATA

http cafe.daum.net/mabijeong ✉대구시 달성군 화원읍 마비정
길262-5 ☎(053)633-2222 ⏰24小時，建議白天為佳 💲免
費，酒蒸糕4,000₩ ➡參考P.168達城郡景點交通指南＆行
程規畫 ℹ實際有人居住，參觀時請降低音量、勿亂丟垃
圾；酒蒸糕週末假日才有 MAP封底裡

　　村名為馬飛「亭」或馬飛「井」，名稱由來有多
個與「馬」有關的說法，是農村風光的壁畫村，自
從韓國綜藝節目《Running Man》來拍攝過更廣為人
知。這裡的壁畫多見醬缸、草屋、牛耕田及農村遊
戲等傳統圖案，可在村口觀光案內所借用語音導覽
機，點手冊上圖案即可聽取介紹。平日遊客較少，
假日人潮眾多、容易塞車，但可參與體驗和現場演
出的活動也更豐富，村內有幾家小吃店，其中以前
村長家製作的酒蒸糕最有名，去晚了會買不到喔！

Running Man的拍攝旗幟

16 12 壁畫村裡的各個特色作品 2用導覽機去點簡介上的圖案，就可以聽到相關語音說明 3 7村口和馬相關的布置 4在村內跟著娃娃手指的方向前進 5 8村內的各處小徑 9 10韓國綜藝節目《Running Man》的拍攝場景標誌 11 13前村長家(在《暖爐上的便當》壁畫旁)的酒蒸糕、蔥煎餅、韓式鹹糯米湯圓、手工豆腐

OSBS
걷지말고 뛰어라!
런닝맨
RUNNING MAN 촬영지

沙門津渡口、酒幕村
사문진나루터、주막촌

復古碼頭客棧酒店、體驗另類韓國

DATA

🌐 www.dssiseol.or.kr ✉️ 大邱 달성군 화원읍 성산리 313-1 📞 (053)659-4465
🕐 11:30～18:30，午休15:30～16:00 🚫 每週一、春節、中秋 💲 餐點4,000
～15,000₩，鴨子遊園車(來回)平日大人3,000₩、小孩2,000₩，假日各加
1,000₩ 🅿️ 參考P.168達城郡景點交通指南&行程規畫 ❗ 天氣不佳時遊園車會
暫停營運；週末假日人潮較多 🗺️ 封底裡

「沙門津」是朝鮮初期洛東江的貿易中心，1900年西洋傳教士通
過此處運來韓國最早的鋼琴。2013年復原舊時的碼頭客棧酒幕村，
假日結合各類市集攤位，還有每年10月初舉辦100台鋼琴演奏會，
旁邊的「花園東山」，有小型動物園和兒童遊樂設施，建議直接搭
鴨子遊園車到最高處，可欣賞洛東江、琴湖江交會的濕地景色。延
續舊時沙門津的熱鬧景象，在相傳樹齡已500年的朴樹和長栍柱❶的
守護下，體驗洛東江邊喝韓國傳統「馬格利」濁米酒，搭配常見的
下酒菜：煎餅、涼拌豆腐和橡實凍等，感受不一樣的韓國氣氛。

❶ 長栍(장승)柱為韓國傳統的村落守護神，外觀型態各地不同，通常為一男一
女，類似台灣的土地公、土地婆。

Menu

沙門津酒幕村菜單

☐ 牛肉湯飯 / 소고기국밥
☐ 湯麵線 / 잔치국수
☐ 涼拌豆腐 / 손두부
☐ 韭菜煎餅 / 부추전
☐ 涼拌魷魚 / 오징어무침회
☐ 蕎麥捲餅 / 메밀전병
☐ 大熱狗 / 수제왕소세지
☐ 涼拌橡實凍 / 도토리묵
☐ 馬格利濁米酒 / 막걸리
☐ 泡麵(杯) / 컵라면
☐ 魚糕湯 / 어묵
☐ 礦泉水 / 생수

1酒幕村的復古內用座位區，可以自由找位置入座 2往花園東山高處的鴨子遊園車 3這裡是韓劇《沒關係，是愛情啊》的拍攝場景 4 10村口相傳已500歲的朴樹和長栍柱 5從沙門津渡口出發的遊覽船 6沙門津酒幕村的入口 7 100台鋼琴演奏會的現場 8也可以把食物端到洛東江邊的戶外座位享用，感覺更有氣氛 9大邱專屬的琵瑟山馬格利(비슬산 막걸리)濁米酒

達城郡景點交通指南&行程規畫

前往達城郡的景點，需要搭公車或計程車，但部分公車班次較少，建議搭計程車較方便，或是參考本書P.19，搭乘一日遊觀光巴士。達城郡的3個景點，可規畫為1天行程，建議順序為(早→晚)：

1日行程

地鐵 116 花園站→馬飛亭壁畫村

地鐵花園站1號出口直走約2分鐘的站牌，搭達城2(달성2)公車，車程約25分鐘，在終點站下車即是馬飛亭壁畫村；或是搭計程車，車程約15分鐘、車費約6,600₩。

馬飛亭壁畫村→沙門津渡口、酒幕村

沒有直達公車，建議搭計程車前往，車程約16分鐘、車費約8,700₩，可請村口觀光案內所代為電話叫車。

沙門津渡口、酒幕村→ The ARC

搭乘遊覽船來回沙門津、The ARC，票價平日大人8,000₩、小孩5,000₩，假日大人10,000₩、小孩7,000₩，船程所需時間約40分鐘，下船後往斜坡上走一下就到The ARC。

遊覽船(週一停航)營運時間：11:00～18:00(假日到19:15)，平日1～2小時一班，假日每小時一班，購票時需填寫每位乘客的簡單聯絡資料(政府規定)。

The ARC周邊位置圖

The ARC →地鐵 218 大實站

距離The ARC最近的地鐵站為218大實站，來往公車很少、非常不好等，可試著請櫃台人員協助電話叫車，或是參考本書P.26，使用手機APP自助叫車，天氣好時亦可考慮步行。

請看本頁地圖，從主建物沿中間大路往外走，約24分鐘的大路口左轉，再走約16分鐘可到地鐵站，一路上有路燈、路況好走。公車站牌在主建物外步行約11分鐘處，若運氣不錯剛好遇到公車或計程車，建議也可攔車搭乘。需要注意的是，不建議沿著琴湖江走，不方便切回馬路邊、地鐵站，且路況比較黑。

到地鐵218大實站後，可選擇搭地鐵離開，或是在2號出口直走約3分鐘的公車站牌，搭急行1公車往東城路附近，車程約40分鐘。

馬飛亭壁畫村

去程：同1日行程「地鐵116花園站→馬飛亭壁畫村」；**回程：**搭原線公車到地鐵站即可，時刻表可在公車總站的候車亭確認。

The ARC

去程：地鐵218大實站2號出口，搭計程車往The ARC，車程約5分鐘、車費約4,000₩；**回程：**請參考1日行程的「The ARC→地鐵218大實站」。

沙門津渡口、酒幕村

來往地鐵116花園站，計程車車程約6分鐘、車費約4,400₩。或是搭乘650號公車，此班公車亦有經過地鐵131中央路站，和沙門津之間的車程約50分鐘。

去程

Step 1 地鐵116花園站1號出口直走約2分鐘的站牌，搭650號公車，車程約6～7分鐘，在「花園遊園地入口」(화원유원지입구)下車。

Step 2 下車後往旁邊斜坡走下去可到酒幕村入口，再往後面洛東江邊走可到遊覽船搭乘碼頭。

酒幕村入口

遊覽船碼頭

回程

Step 1 往酒幕村旁斜坡上走，從橋下的涵洞穿過去。(靠近酒幕村口橋下的公車要繞路，不建議搭乘)

Step 2 穿過涵洞到對面迴轉到橋邊，再左轉走一下的站牌，搭650號公車回地鐵116花園站。

搭地鐵玩遍
大邱

　　來到大邱旅遊，住宿以東城路商圈和東大邱換乘中心周邊為主，可節省來往交通時間，本書以「飯店旅館」、「經濟民宿」和「傳統韓屋」等三類來做介紹，出發前可先用訂房網站預訂，節省國際匯款手續費，或是也可到現場直接看房入住。預訂確認前，除了住宿點本身的條件情況，也請留意更改行程時的相關手續費用和規定。

行前準備

　　韓國的巴士站、火車站周邊多是旅館密集區，以到大邱旅遊來說，「東大邱」和「東城路」是兩個最主要的住宿區域，此外東城路附近的鐘路、藥令市周邊亦有旅館可選擇，除了週末假日費用會調高之外，臨時有需求亦可到現場再找住宿。大邱有設置優秀住宿設施認證，其他地區也可參考韓國觀光公社的認證標誌，雖然不見得都是最好、最新穎的選擇，但可列入考慮選項。

哪裡有旅館？

　　韓國有些旅館的外觀，不一定會有英文，建議可對照招牌上的關鍵字來辨識；此外，部分旅館會以「HOTEL」為名，設備有可能較佳，但多半是飯店式經營的旅館。

MOTEL　　　　**HOTEL**

大邱市指定優秀住宿標誌　　　　**韓國觀光公社指定優秀住宿「Good Stay」標誌**

住宿現況

　　飯店旅館通常每晚、每間房價2人基準，民宿多人房（Dorm）為每人、每晚價格，服務費和稅金多為內含，有時刷卡付費需加手續費，多設有免費Wi-Fi。部分旅館民宿非每日打掃，大多不提供單包沐浴用品，而是以罐裝公用的為主，部分民宿採多人的淋浴間，雖男女分開，但有可能和其他房客在浴室裡相遇，預訂時請稍加留意。

　　旅館飯店通常沒有附早餐，民宿則通常會有簡易早餐。民宿多人房可節省旅費，但較無私人獨立空間，建議自備耳塞和眼罩，設備多為公用，部分需要自己鋪床單。傳統韓屋可體驗不同的感覺，但須自己鋪床或地墊，且浴室可能在房間外，下雨天或許稍有不便，韓屋多數有「地熱」設施，溫度適中即可，不建議開到最強。

好用國際訂房網站

tripadvisor：
www.tripadvisor.com(多國語言、綜合比價)

Agoda：
www.agoda.com(多國語言)

Booking.com：
www.booking.com(多國語言)

Hotels.com：
www.hotels.com(多國語言)

HOSTELWORLD.com：
www.hostelworld.com(多國語言)

韓國旅館民宿的沐浴用品，通常為整罐整條的大包裝為主

部分民宿會採用公共的淋浴浴室

民宿的簡易早餐，通常為吐司、果醬和果汁

近東大邱站　　MAP P.133 / B2

Marriott Hotel
대구 메리어트 호텔

DATA

http www.marriott.com/ko ✉ 대구 동구 동부로26길 6(신천동) ☎ (053)327-7000 🕐 入住15:00、退房12:00 💲 雙人房250,000₩起 ➡ 東大邱綜合換乘中心對面，從大馬路步行約5分鐘

　　國際連鎖五星級飯店，緊鄰東大邱站(火車站)前站，以及東大邱綜合換乘中心(巴士站)，距離大邱國際機場車程僅約8～10分鐘，抵達大邱後可快速前往飯店休息，並且也方便移動到市區內的購物商場和旅遊景點，亦可搭乘便捷的高鐵KTX、SRT，或是國內線飛機航班，快速來往韓國各大城市。飯店內設有各式餐廳、商務宴會廳，以及健身中心、室內游泳池等設施，並提供住宿房客免費停車的服務。

近藥令市、地鐵新南站　　MAP P.96 / A2

ELDIS Regent
엘디스리젠트 호텔

DATA

http www.eldishotel.com ✉ 대구시 중구 달구벌대로 2033(동산동) ☎ (053)253-7711 🕐 入住15:00、退房12:00 💲 雙人房110,000₩起、新館140,000₩起，無包含早餐，另有收費洗衣服務 ➡ 1.地鐵229／329新南站9號出口直走約6分鐘；2.地鐵130／230半月堂站18號出口直走約8分鐘 🚶 步行至西門市場、東城路商圈各約13～15分鐘；不可叫外送

　　大邱市區的四星飯店，近地鐵2、3號線交會新南站，分為本館和新館，新館為結合醫療美容診所的新建商辦大樓，客房集中在高樓層、視野景觀佳，使用電梯門禁卡控管客房樓層進出，一般雙人房內、衛浴設備的空間稍小，飯店內可免費無線上網，房間裡提供轉接插頭，入住前後可暫放行李，附加設施如：酒吧、健身房、西餐廳、三溫暖(男性專用)等，是休閒度假、商務出差的好選擇。

近地鐵半月堂站

MAP P.96／D2

東橫INN 東城路店
토요코인 대구 동성로

DATA

🌐 www.toyoko-inn.co.kr ✉ 대구 중구 동성로1길 15(동성로3가) 📞 (053)428-1045 ⏰ 入住15:00(會員)、16:00(一般)起,退房10:00前,早餐07:00～09:30 💲 單人房39,000₩起、雙人房85,000₩起,會員官網訂房另有優惠 🚇 地鐵130／230半月堂站13號出口(有雙向手扶梯),順右彎直走約2分鐘到叉路口,右轉較大的路直走約1分鐘 🛗 搭專用電梯往7樓櫃檯,往客房樓層需轉搭內部電梯

位在東城路商圈鬧區,近地鐵半月堂站、藥令市,周邊生活機能極佳,有很多可逛街、吃飯的店家。東橫INN各分店經營模式、內裝環境大致類似,大邱東城路於2019年才全新開幕,且床底的中空設計,連28寸行李箱都能塞進床底平放,如此可加大空間感,旅館範圍內可無線上網,有提供毛巾、基本沐浴用品、吹風機,入住前、退房後可暫放行李。

近地鐵半月堂站

MAP P.97／E2

Hotel LABELLA
호텔 라벨라

DATA

📷 hotel_labella ✉ 대구 중구 동성로4길 40-5(삼덕동1가) 📞 (053)428-9992 ⏰ 入住15:00、退房12:00前,早餐07:00～09:30,點心吧24小時 可使用 💲 雙人房109,000₩起 🚇 地鐵130／230半月堂站10號出入口(有雙向手扶梯),直走約2分鐘左轉,再直走約2分鐘右轉,進小巷裡的左手邊

獲得2021年韓國住宿大賞,大邱市推薦的女性安全住宿,房價皆附現做早餐,以及24小時可以吃到飽的自助點心吧,包含咖啡機和煮泡麵機,餐點都只能內用,適量咖啡和礦泉水可外帶。基本雙人房內、衛浴設備的空間適中,旅館範圍內可無線上網,有提供毛巾、基本沐浴用品、吹風機,房間內設有獨立冷氣,頂樓有戶外小型空中花園,入住前、退房後可暫放行李。

Royal Motel
대구 동대구역 로얄

DATA

✉대구 동구 효신로5길 1119(신천동 379-4) ☎(053)744-8247 ⏰入住17:00、退房13:00 💲雙人房約60,000₩起 ➡東大邱綜合換乘中心對面,從大馬路步行約3分鐘

位於東大邱站(火車站)前站旁邊,以及東大邱綜合換乘中心(巴士站)對面的旅館密集區,距離大馬路較近,適合在特殊時間有城市間移動需求的人選擇,附近多有各類餐廳,部分店家24小時營業,旅館大門斜對面有小型超市,可方便購物,一般雙人房內、衛浴設備的空間適中,旅館範圍內可無線上網,有提供毛巾、基本沐浴用品、吹風機,房間內設有冷氣、地暖,並提供煙灰缸,入住前、退房後可暫放行李。

SONO休閒屋
캐주얼하우스 소노

DATA

🌐sonohouse.modoo.at ✉대구시 중구 명륜로86(남산동) ☎(053)423-7778 ⏰入住15:00～23:00、退房11:00 💲雙人房59,000₩起、多人房每人25,000₩起,洗衣機免費使用 ➡地鐵130／230半月堂站2號出口,直走約5分鐘路口過馬路左轉,再直走約1～2分鐘 🚶往東城路商圈步行約15分鐘(經由地下街);無提供沐浴用品

飯店式經營的民宿,在地鐵半月堂站附近,和東城路商圈有段距離,公共區域設有監視器、活動空間寬敞,民宿範圍內可無線上網。基本雙人房空間偏小,多人房浴室廁所在房間內、空間適中,有提供毛巾和吹風機,房間內有個人可以上鎖置物櫃(較大),每床有小檯燈、插座和拉簾,入住前、退房後可暫放行李。距離鬧區、地鐵站要走一段路,但住宿環境佳,來往機場或東大邱巴士站建議可以搭計程車。

經濟民宿

近東城路商圈　MAP P.112 / C4

共感民宿
공감게스트하우스

DATA

http www.facebook.com/EmpathyGuestHouse ✉大邱市中區 中央大路79길32 ☎070-8915-8991～2 ⏰入住15:00～22:00、退房11:00、早餐08:00～10:00 💲雙人房55,000₩起，多人房每人22,000₩起，洗衣機免費使用 ➡地鐵131中央路站1號出口，直走約1分鐘巷口右轉，再直走約2分鐘右側 🛗無電梯

近東城路商圈、地鐵中央路站，公共區域設有監視器、活動空間寬敞，民宿範圍內可無線上網，浴室廁所在房間內、空間適中，有提供毛巾、基本沐浴用品、吹風機，房間內有個人可上鎖置物櫃(一般大小、需付押金)，另提供簡單早餐，入住前、退房後可暫放行李。地熱、洗澡熱水共用開關，使用前須切換。提供韓服租借，室內體驗4,000₩，穿著外出8,000₩(2小時)，房客可再折扣1,000₩。

圖片提供／共感民宿

近大邱藥令市　MAP P.96 / B2、P.112 / B5

Bomgoro民宿
봄고로 게스트하우스

DATA

IG bomgoro ✉大邱 中區 종로 23-23(장관동) ☎010-9357-0264 ⏰入住16:00、退房11:00 💲雙人房約55,000₩起 ➡地鐵131中央路1號出口，直走約4～5分鐘巷口右轉，再直走約4-5分鐘巷口右轉，再直走一下的右手邊小弄裡 🛗地鐵131中央路站，2號出口旁有電梯，或地鐵130／230半月堂站旁的現代百貨、東亞百貨有電梯和手扶梯

位於大邱藥令街旁的小弄裡，距離東城路商圈不遠，公共活動空間適中，範圍內可無線上網，以黑白老照片為主要裝潢，房間以知名的演員來命名。皆為帶獨立衛浴的上下鋪房間，房間裡都有可上鎖置物櫃，設有冷氣和地暖，床頭有置物小掛袋，以及多種接頭的充電線，房間裡也有其他插座。疫情後暫不開放陌生旅客同住，亦無提供早餐，但可使用交誼廳，有飲水機、微波爐和咖啡機，入住前、退房後可暫放行李。

近大邱藥令市　ᴹᴬᴾ P.96 / B2、P.112 / B5

中城民宿
미드타운 호스텔

DATA

🌐 blog.naver.com/midtownhostel 📧 대구 중구 중앙대로77길 47(장관동) 📞 0507-1311-3450 🕐 入住15:00～23:00、退房06:00～11:00 💲 多人房床位約20,000₩起 / 每人，單人房約35,000₩起，雙人房約55,000₩起 🚇 地鐵131中央路1號出口，直走約3分鐘巷口右轉，再直走約4分鐘左手邊 ♿ 地鐵131中央路站，2號出口旁有電梯，或地鐵130 / 230半月堂站旁的現代百貨、東亞百貨有電梯和手扶梯

　　位於大邱藥令市街、韓方醫療體驗塔旁，距離東城路商圈不遠，公共活動空間適中，民宿範圍內可無線上網。多人房往上鋪是好走的樓梯，每床位有插座和拉簾，房間內有可上鎖置物櫃，浴室廁所在房間外，浴室每個蓮蓬頭單獨隔間，其他亦有帶衛浴的雙人和三人房，有提供毛巾、基本沐浴用品、吹風機，可免費使用洗衣機，疫情後不提供早餐，但可使用廚房用具，入住前、退房後可暫放行李。

近地鐵青蘿之丘站、西門市場站　ᴹᴬᴾ 封面裡

西門韓屋民宿
서문한옥게스트하우스

DATA

🌐 www.dmg.or.kr 📧 대구시 중구 큰장로24길 26(대신동) 📞 (053)424-5800 🕐 入住15:00～22:00、退房11:00，前台服務時間08:00～22:00 💲 雙人房每晚35,000～45,000₩起 🚇 地鐵2、3號線交會青蘿之丘站(原新南站)1號出口前右轉，直走約3分鐘左轉，直走約2分鐘右轉，再直走約1分鐘左側。或是從328西門市場站3號出口亦可前往 ♿ 外國遊客請透過E-mail預訂

　　由西門市場管理協會經營，全新建造的雙層韓屋民宿，近地鐵青蘿之丘站、西門市場站，全部房間內都有包含獨立衛浴，皆為韓式地板房間(有軟墊)，整體來說便利性和活動空間都優於傳統式韓屋，民宿範圍內可無線上網。房間內有冰箱、電視等設備，並提供毛巾、吹風機、基本沐浴用品，另提供簡單早餐，入住前、退房後可暫放行李。

浦項住宿

空間寬敞，有少見的三人房　MAP P.181上／A2

浦項Stay Hotel
포항스테이호텔

▌DATA▌

blog.naver.com/near_stay ✉ aaaa1883@nate.com 경북 포항시 남구 중앙로131번길 1(해도동 415-1) ☎ 0507-1405-8300 ⏰ 入住15:00、退房11:00 💲 雙人房約70,000₩起 ➡ **1.**近浦項高速巴士站，步行約5分鐘。**2.**浦項(市外)巴士站：計程車車程約10分鐘、車費約4,000₩。**3.**浦項(火車)站：計程車車程約17分鐘、車費約7,900₩。**4.**竹島市場：計程車車程約9分鐘、車費約3,600₩ ⓘ 若大廳沒人，可用櫃檯上電話打800號呼叫

　浦項市認證優良住宿，依法每月定期環境消毒，位於市中心、高速巴士站附近，距離各聯外交通車站和市區熱門景點都不遠。整體空間明亮，基本雙人房、衛浴空間相對寬敞，還有韓國飯店少見的三人、四人房型，旅館範圍內可無線上網，1樓交誼廳可使用微波爐和煮泡麵機，6樓設有洗衣房，房內提供毛巾、備品包、沐浴用品、吹風機，以及礦泉水和咖啡、茶包，每個房間設有獨立冷氣，入住前、退房後可暫放行李。

順遊分析

把大件行李寄放在大邱

　以地理位置來說，浦項、慶州、安東這3個城市，都是去大邱玩很適合搭配作為順遊小旅行的地方，當天來回車程不會太久，但若時間許可，在當地住個1～2晚也很不錯，更可以體驗不同城市的感受。

　如果去、回程都是通過大邱機場，想去外地住宿的話，建議大邱前後住在同一個地方比較方便。請住宿點幫忙暫時保管行李(請事先確認)，只帶少量必須用品去外地住宿，可以節省搬運大件行李的體力和時間。

大邱是韓國東南部重要的交通轉運中心，往來各大城市或周邊地區都很方便，例如：韓國本土極東點的浦項市，擁有韓國東海岸最大綜合傳統市場，其中的竹島海鮮市場，是大邱人也常會去吃海鮮的地方，或是盈德郡的竹蟹街，能兼顧吃美食和欣賞純樸海景，此外擁有世界文化遺產的安東和慶州，也都推薦可安排當日來回的小旅行，不妨以大邱為出發點，往其他城市前進，感受不同的韓國文化，品嘗多元美食吧！

大邱順遊之旅

浦項
포항 · Pohang

韓國最早看到日出的海港城市

浦項地區因為臨海的虎尾串是韓國本土最東邊，為韓國每天最早看到日出的地方，所以舊稱「迎日」，有迎接太陽的意思。浦項是世界知名「浦項鋼鐵」(포스코、POSCO)公司的總部所在地，還有韓國海軍陸戰隊司令部、海軍軍港等軍事設施，日據時期藉由九龍浦港和鐵路東海南部線的建設，將各種物產銷售到韓國各地，因而形成多個市場，如今成為韓國東南部最大綜合市場的竹島市場，其中海鮮市場特別受到居民和遊客的喜愛，還有近來最火紅的景點「Space Walk」，以及東海岸的迷人海景，都讓浦項不只是工業城市，也可以很美麗、很好吃。

首爾

安東　盈德
大邱　浦項
　　慶州
　　釜山

浦項區域地圖

往慶州、安東
경주、안동 방향

虎尾串
P.184

浦項火車站
포항역

HEYAN
헤이안

Space Walk
스페이스워크

馬羅島生魚片
마라도회식당

海雲台31公分
海鮮刀切麵
해운대31CM해물칼국수

迎日台海水浴場
영일대해수욕장

浦項舊港
포항구항

竹島市場
P.184

迎日灣
영일만

浦項高速巴士站
포항고속버스터미널

浦項新港
포항신항

浦項Stay Hotel
포항스테이호텔

浦項巴士站
P.182

POSCO鋼鐵公司
포스코

九龍浦港
P.181

POSCO本社
歷史博物館
포스코본사역사박물관

浦項慶州機場
포항경주공항

北

往大邱
대구 방향

往釜山
부산 방향

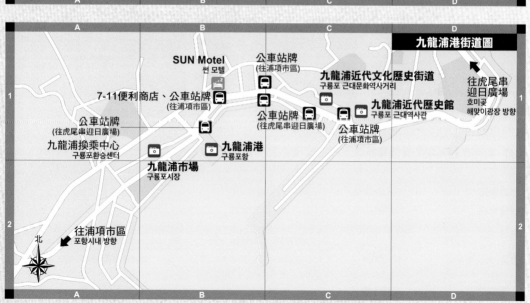

九龍浦港街道圖

SUN Motel
썬 모텔

公車站牌
(往浦項市區)

九龍浦近代文化歷史街道
구룡포 근대문화역사거리

往虎尾串
迎日廣場
호미곶
해맞이광장 방향

7-11便利商店、公車站牌
(往浦項市區)

公車站牌
(往虎尾串迎日廣場)

九龍浦近代歷史館
구룡포 근대역사관

公車站牌
(往虎尾串迎日廣場)

公車站牌
(往浦項市區)

九龍浦換乘中心
구룡포환승센터

九龍浦港
구룡포항

九龍浦市場
구룡포시장

北

往浦項市區
포항시내 방향

浦項
旅遊黃頁簿

從大邱要來往浦項，以外國遊客的便利性來說，大多是以「東大邱」為主，有高鐵與火車(P.21)、市外巴士(P.19)等多元交通方式，可參考本書的相關內容，查詢各種交通方式的詳細班次時刻和車票費用。

浦項市官網
🌐 www.pohang.go.kr

浦項文化觀光
🌐 www.pohang.go.kr/phtour

浦項的觀光案內所
✉ 各主要車站和景點，例：浦項站內、浦項巴士站外
🕐 通常服務時間為09:00～18:00

■ 巴士

■ 浦項巴士站(포항터미널)

浦項最主要的市外巴士站，和東大邱、慶州的來往班次多，站前廣場有觀光案內所、服務時間

浦項巴士站

09:00～18:00，對面是旅館密集區，方便轉乘公車前往各景點。
🗺 P.182

■ 浦項高速巴士站 (포항고속터미널)

浦項的高速巴士，近竹島市場、迎日灣等市區景點，站體規模不大，目前只有來往首爾(京釜總部)、光州、大田等三條路線。
🗺 P.181上／A2

浦項高速巴士站

■ 火車、高鐵KTX、換乘站
■ 浦項站(포항역)

車站範圍不大、中文標示清楚，站內有寄物櫃、少數店家餐廳，車站周邊空曠、沒有餐廳和旅館。車站外第一排是計程車，第二排為公車站牌，但公車有多個來往方向，或是例如急行9000號公車有不同分支路線，建議看到欲搭乘的公車號碼，都舉手攔停詢問，避免錯過班次或搭錯方向。
🗺 P.181上／A1

浦項火車、高鐵站

大邱、慶州來往浦項的交通資訊 (1.去回程相似，實際情況以當日現場為準／2.鐵路資料以高鐵為主，另有一般慢車)

出發城市	東大邱		慶州
出發車站	東大邱站(高鐵)	東大邱換乘中心(巴士)	慶州市外巴士站
到達車站	浦項站	浦項巴士站	浦項巴士站
班次間距	每天約13班次	06:40～22:00，約每15～20分鐘一班	07:05開始，約每30～40分鐘一班，22:30、22:50為深夜班次
車資(大人票價)	10,900₩	8,600～11,000₩，末班12,100₩	4,200₩(深夜4,600₩)
行車時間	約35分鐘	約70分鐘	約30～40分鐘

製表：Helena(海蓮娜)

浦項巴士站周邊街道圖

公車站牌
(往九龍浦、虎尾串)

Apple Tree Hotel
애플트리 호텔

浦項巴士站
포항터미널

觀光案內所
관광안내소

公車站牌
(往竹島市場、浦項艦體驗館、迎日台海水浴場)

Home plus
홈플러스

1. **浦項站→竹島市場**：搭乘往「市內方向」(시내방면)的急行9000、120、305等公車,車程約20分鐘。計程車的車程約17分鐘、車費約7,800₩。

2. **浦項站→Space Walk**：搭乘往「興海方向」(흥해면)的急行9000號公車,車程約30分鐘。計程車的車程約20分鐘、車費約10,600₩。

3. **浦項站→九龍浦、虎尾串**：搭乘往「市內方向」(시내방면)的急行9000號公車,到九龍浦車程約1小時,到虎尾串車程約1小時30分鐘。

■九龍浦換乘中心 (구룡포환승센터)

以前要往虎尾串的方向,皆需在九龍浦換乘中心換車,但現在若是從浦項站(高鐵／火車)出發,可直接搭乘往「市內方向」(시내방면)的急行9000號公車前往虎尾串。若為浦項巴士站出發,參考如下:

MAP P.181下／B1

九龍浦換乘中心

1. **浦項巴士站→九龍浦**：巴士站前公車專用道搭900號公車,車程約50分鐘,在九龍浦換乘中心下車。

2. **九龍浦→虎尾串**：於九龍浦換乘中心,轉搭急行9000號公車,車程約20～30分鐘;若搭計程車前往,車程約10分鐘、車費約14,000₩,回程不好叫車,建議搭公車或參考P.26手機APP叫車。

從虎尾串回程時,往九龍浦的公車站

■ 浦項公車、計程車

在浦項搭公車,建議可參考本書P.26,使用手機APP查詢公車班次、導航路徑方向,上車前請務必再次與駕駛確認,是否有到你自己欲前往的地點。搭乘公車時,可使用韓國兩大交通卡(P.79),單程車費如下:一般公車投現1,300₩、刷卡1,200₩,座席公車投現1,700₩、刷卡1,600₩,前門付費上車,後門下車時交通卡刷不刷皆可。

浦項計程車費基本3,300₩,多人旅遊建議搭計程車,費用不高,也可節省時間,而九龍浦和虎尾串之間有時會用喊價方式,稍微留意價格即可。

■ 浦項住宿 旅遊行程規畫

建議可住在大邱或慶州,安排浦項一日小旅行。

若要在浦項住宿,巴士站周邊為主要區域,迎日灣則是有海景飯店旅館,如果要去虎尾串看日出,海邊住宿選擇較少、沒什麼商店,建議住在九龍浦,日出前搭計程車往虎尾串,回程再搭公車。

1. **天氣涼爽**：上午可以先去走Space Walk,之後往迎日灣一帶,或是逛竹島市場。

2. **天氣炎熱**：先往竹島市場和迎日灣,待傍晚較涼爽時,再去走Space Walk。

Space Walk

虎尾串海邊

虎尾串周邊地圖

蒸氣房
찜질방

國立燈台博物館
국립등대박물관

公車站牌
(下車、往虎尾串迎日廣場)

公車站牌
(上車、往九龍浦)

新千年紀念館
새천년기념관

虎尾串迎日廣場
호미곶 해맞이광장

相生之手
상생의손

往九龍浦
구룡포 방향

竹島市場周邊街道圖

北

浦項艦體驗館
포항함체험관

公車站牌
(下車、往浦項艦體驗館)

東濱大橋 동빈큰다리

중앙로

海鮮攤商密集區

海鮮攤商區

螃蟹攤商密集區
(2樓代客料理、用餐)

公車站牌
(下車、竹島市場)

竹島市場
죽도시장

三兄弟
生魚片、大蟹
삼형제횟집

往浦項巴士站
포항터미널 방향

公車站牌
(上車、往浦項外巴士站)

송도교

遊賞去處

DATA

豐富海產、新鮮實惠

竹島市場

죽도시장

MAP P.184下／B3

高鐵／火車站搭計程車約17分鐘

✉ 포항시 북구 죽도시장(죽도동) ☎ (054)247-3776 ◷ 大部分攤販09:00～18:00，無特定公休日，部分商家跟隨批市每月第2個週日休息，靠海邊的海鮮餐廳有些24小時營業 ➡ 浦項站搭乘往「市內方向」(시내방면)的急行9000、120、305等公車，車程約20分鐘。計程車的車程約17分鐘，車費約7,800₩

　　韓國東海岸最大的綜合傳統市場，銷售多樣化的農產、水產、生活雜貨和各類小吃，但其中最知名的，當然是海港城市不會缺少的魚市場。海濱區域的海鮮市場，除了配合批市的公休日之外，每天都是熱鬧盛況，和大城市相比，這裡的價格更為實惠，新鮮活跳的各類海產，還有各種海鮮製品乾貨，以及浦項有名的秋刀魚乾，都是此處的熱門商品。來到竹島市場，品嘗海鮮美食是不能錯過的重點，海邊有24小時營業、可直接用餐的店家，或是可到攤商區購買海產、螃蟹、生魚片等，拿到代客料理店家品嘗，更可以吃到新鮮原味唷！

1 2買到價格相當實惠的鮑魚，就很豪邁的拿去煮湯啦 **3**這裡也有許多賣螃蟹的店家 **4**海鮮市場的攤商 **5**肥美的大章魚 **6**海鮮市場旁的乾貨街

｜玩｜家｜筆｜記｜

海鮮料理的實用韓文

■ 綜合生魚片／모듬회	■ 生魚片壽司／회초밥	■ 粥／죽	■ 蒸／찜
■ 綜合海鮮／해물모듬	■ 生魚片蓋飯／회덮밥	■ 湯／탕	■ 煎／부침
■ 烤鮮貝／소개구이	■ 鮑魚粥／전복죽	■ 鍋／샤브샤브	■ 炸／튀김
■ 醬油醬蟹／간장게장	■ 鮑魚生魚片／전복회		■ 烤／구이
■ 調味醬蟹／양념게장	■ 烤海鮮／생선구이	料理方式	■ 燉／조림
■ 乾煎刀魚／갈치 부침	■ 海腸／개불	■ 基本醬料／기본양념	■ 炒／볶음
■ 燉煮刀魚／갈치조림	■ 帝王蟹／킹크랩	■ 辣的／맵게	
■ 海鮮湯／해물탕	■ 大蟹／대게	■ 不辣的／안맵게	分量
■ 辣魚湯／매운탕	■ 魟魚／가오리	■ 鹽烤原味／소금	■ 大的／큰 것
■ 鮮魚湯／지리탕	■ 魷魚／오징어	■ 醬料調味／양념	■ 小的／작은 것
■ 炒章魚／낙지볶음	■ 炒飯／볶음밥	■ 生食／날것／회	■ 多／많이
■ 生魚片定食／회백반	■ 白飯／공기밥	■ 川燙／데침	■ 少／조금

特色美食 DATA

豐富綜合海鮮套餐

三兄弟生魚片、大蟹

삼형제 횟、대게

📧 경북 포항시 북구 죽도시장길37(죽도동) 📞 (054)242-7170 🕐 24小時 💲 各式餐點、套餐50,000～200,000₩，帝王蟹套餐為時價，蟹膏炒飯、酒類飲料等另計 ➡ 參考浦項旅遊黃頁簿，搭公車＋步行穿過綜合市場區，或是搭計程車可直接前往海港區域 ℹ「兄弟」、「三兄弟」對門同店家

竹島市場靠海港的一側，有專門一區販售海鮮的魚市場，以及24小時都能吃到新鮮海味，是海鮮料理專門餐廳的聚集區。

與韓國其他海鮮市場不同，為了讓價格透明，經過商家和市場協會的整理規畫，這裡餐廳的海產售價，不是看重量，也不用加人頭費，而是依照餐點內容和人數來選套餐，有不同的螃蟹種類，或是鮮蝦、綜合生魚片等的套餐。

「三兄弟生魚片」是餐廳區網評頗高的店家，以大蟹4人套餐(約4～5人份量)來說，價格包含：所選清蒸大蟹、生魚片、生醃醬蟹與蝦、生鮑魚、冰辣湯涼拌海鮮、辣魚湯和其他小菜等，內容非常豐富，推薦加點蟹膏炒飯，更是美味的精華！

Menu

三兄弟海鮮餐廳菜單

- ☐ 帝王蟹 / 킹크랩
- ☐ 大蟹 / 대게
- ☐ 紅蟹 / 홍게
- ☐ 獨島鮮蝦 / 독도새우
- ☐ 龍蝦 / 랍스타
- ☐ 綜合生魚片 / 모둠회세트
- ☐ 自然產生魚片 / 자연산회세트
- ☐ 鮑魚粥 / 전복죽
- ☐ 蟹膏炒飯 / 게장밥
- ☐ 米飯 / 공기밥

遊賞去處

DATA

漫步於藝術與雲朵之上

徒步空間Space Walk

스페이스워크

MAP P.181上／A1
浦項站轉乘計程車
+步行約35分鐘

🌐www.spacewalk.or.kr 🏠경북 포항시 북구 두호동 산8
📞(054)270-5180 🕐夏季4～10月10:00～21:00，冬季11
～隔年3月10:00～18:00 🚫每月第一個週一，夏季若遇到
假日，則改成隔天休 💲免費 🚌參考P.183浦項站-->Space
Walk交通說明，於「環湖公園」(환호공원)入口處下車，再
步行約15分鐘 ❓1.不可攜帶食物入場(含礦泉水)。2.身高
低於110公分者不能入場。3.無置物櫃，不建議攜帶過大行
李包包

　　「徒步空間」是韓國首例、規模最大的新概念體
驗型藝術作品，軌道總長度333公尺，最高處60公
尺，由浦項鋼鐵(POSCO)企畫、搭建，德國藝術家
Heike Mutter夫婦設計，主要採用浦項鋼鐵生產的
碳素鋼和不鏽鋼製作。正如作品的名稱，參觀的人
可以沿著軌道向前行走，來經歷一場「漫步於藝術
與雲朵之上」遨遊在空中的體驗，登上以純色鋼鐵
打造的美麗弧度曲線，白天能遠眺迎日灣一帶的海
景，夜幕低垂後加入的照明燈光，更讓此處有著迷
人的特色。

Space Walk遊玩攻略 Step by Step

　　Space Walk位於浦項迎日灣旁的環湖公園
裡，去程可由公園正門前往，離開時若要前往海
灘，可由Space Walk旁邊或公園後方的步道直
接前往海邊，不用走正門回到大馬路上，節省腳
力和車程時間。

Step 1 從環湖公園正門進入，往右前方的樓梯上去。
之後跟著指標，往公園廣場「LOVE」洗手台後
方斜坡走上去。

Step 2 一路上的坡度不會太陡，還有樹蔭可以遮陽。
從正門步行約15分鐘，可到Space Walk。

Step 3 於Space Walk主建築斜坡下，另一側斜坡往
上，有咖啡店和廁所。此咖啡店少有內用座
位，多數以外帶為主。

特色美食

品嘗海鮮版韓定食饗宴
馬羅島生魚片
마라도회식당

DATA

MAP **P.181上/A1**
從Space Walk
步行約5分鐘

✉경북 포항시 북구 해안로 217-1(두호동158) ☎(054)251-3850 ◷11:00
～21:00,午休時間15:30～17:00,最後點餐20:00 ⑤大蟹綜合套餐2人
160,000₩、3人260,000₩、4人300,000₩,每人均消75,000～86,000
₩ ➡參考P.187的徒步空間Space Walk,從旁邊或公園後方的步道直接
前往海邊,步行約5～10分鐘(斜坡往下) ⑫1.午餐:午休前進餐廳可以點
餐。2.週末人潮眾多,建議平日前往。3.套餐3人以上的螃蟹較大、肉質
扎實,所以價格會高一些。4.套餐海鮮有替換的可能。5.另有其他單點

　　浦項馬羅島生魚片餐廳就在Space Walk下,多樣海產保存在店外的低溫水箱裡,維持最美味的新鮮度。最推薦2樓的座位,採光好、風景佳,窗外就是迎日灣的海景。套餐包含主菜清蒸螃蟹,上桌前都有先剪好處理過,吃起來輕鬆不費力,蒸好的新鮮蟹肉,扎實不鬆散、不容易斷裂,韓國朋友教的在地吃法,是把蟹肉沾著蟹膏一起吃也不錯。

　　此外還有綜合生海鮮、生魚片拼盤,可以吃到鮮蚵、海鞘、生章魚、生鮑魚。辣拌生魚片,先把綜合生海鮮和辣醬、紫菜拌均勻,再倒入有碎冰、店家祕製的酸口味涼湯,很適合夏天吃、非常開胃。再搭配燉煮石斑魚、生魚片壽司、酥炸小螃蟹、醬醃與焗烤鮑魚,以及綜合炸物拼盤、辣魚湯鍋等多樣的配菜小菜,還能免費加點蟹膏/蟹肉炒飯,已經無法用物超所值來形容啦!

特色美食

有著豐富貝類的臉盆大海鮮麵

海雲台31公分海鮮刀切麵
해운대31CM해물칼국수

DATA

MAP P.181上／A1
從Space Walk
步行約6分鐘

✉경북포항시 북구 해안로 231(두호동) ☎(054)242-0050 🕙11:00～22:00，午休15:30～17:00，假日週末不午休，最後點餐21:00 💲海鮮刀切麵9,500₩、海鮮煎餅13,000₩ ➡參考P.187的徒步空間Space Walk，從旁邊或公園後方的步道直接前往海邊，步行約5～10分鐘(斜坡往下) ⓘ1.水瓶和泡菜續盤自助式。2.可一人用餐

「刀切麵」是韓國的鄉土美食，大多會以鯷魚、海帶等熬煮湯底，也有不少店家會加入海鮮配料。從釜山開始的這家「31公分海鮮刀切麵」，主打兩人份的麵碗直徑有31公分，就像洗臉盆那樣大，裝著分量十足的刀切麵，並且加入豐富的各式貝類，提升湯頭的鮮味。推薦搭配道地海鮮蔥煎餅，或是升級加料鮑魚、章魚，可選擇放在刀切麵或煎餅裡，是飽足又有豐富海味的一餐。

31公分海鮮刀切麵菜單

Menu

- ☐ 海鮮刀切麵／해물칼국수
- ☐ 海鮮煎餅／해물파전
- ☐ 貝類鍋(2～4人)／조개전골
- ☐ 貝類湯／조개탕
- ☐ 鮑魚*2／전복
- ☐ 章魚／낙지
- ☐ 大章魚／통문어
- ☐ 浦項馬格利酒／포항생막걸리

特色美食

輕鬆欣賞浦項迎日灣海景

HEYAN
헤이안

DATA

MAP P.181上／A1
從Space Walk
步行約5分鐘

📷heyan_cafe ✉경북 포항시 북구 해안로 219(두호동) ☎(054)252-0200 🕙10:00～24:00 💲各式麵包、甜點、飲料約5,000～10,000₩ ➡參考P.187的徒步空間Space Walk，從旁邊或公園後方的步道直接前往海邊，步行約5～10分鐘(斜坡往下) ⓘ為維護小孩安全，3、4樓戶外空間為「NO KIDS ZONE」

浦項迎日灣海邊的人氣咖啡店，「HEYAN」是日文「平安」的意思，裝潢是以純潔白色系為主，搭配落地窗外的迎日灣藍色海洋為背景，整體空間相對寬敞，3、4樓戶外的白色陽傘座位，不僅視野極佳，可一眼盡收海灣的弧度，還讓人頗有異國風情的感受，店內製作的多款麵包、蛋糕、甜點和飲料，會依季節替換當季水果。位於環湖公園的正下方，後方有小路連接，很適合走完Space Walk來休息賞海景。

遊賞去處 DATA

寧靜漁港的清新海味

九龍浦港
구룡포항

MAP P.181下／B1
出巴士站轉搭
公車約50分鐘

✉️포항시 남구 구룡포읍 호미로222-1 🕐九龍浦近代歷史館
10:00～17:00 ➡️參考P.183九龍浦換乘中心的交通說明，從
浦項站或巴士站搭公車來往

韓國東部的一個小漁村，曾經是主要的漁業基地，日據時期有許多日本人移居來此，是當時地區商圈的中心，光復後隨著新市區建設，九龍浦逐漸沒落，大部分的日式房屋也遭拆除。如今的九龍浦港，路邊常可以看到晾曬著的海鮮，也有許多賣海產的店家，夜晚掛著大型螃蟹招牌尤其引人注目，還有經過整理規畫的近代文化日式街道，以及作為九龍浦近代歷史館的雙層日式木造房屋，展現一百多年前的面貌，雖然風華熱鬧不若以往，但仍是有著獨特魅力的寧靜港口。

1不用太豪華，簡單純樸也是九龍浦港吸引人的特色 **2**九龍浦近代歷史館 **3**螃蟹清蒸就很美味好吃 **4**海港邊的大螃蟹招牌相當吸睛 **5**街邊正在晾曬的魚乾

| 玩 | 家 | 筆 | 記 |

九龍浦名產「과메기」

浦項名產的秋刀魚乾「과메기」，韓文名稱來自九龍浦方言，最早是用鯖魚製作，後來改用秋刀魚，以生白菜將生魚乾、配菜和醬料包在一起吃，是韓國東南沿海城市的知名料理，更常被拿來當下酒菜，九龍浦港的部分海鮮餐廳，會直接當成小菜提供給顧客品嘗。

秋刀魚乾

遊賞去處

韓國本土極東點、迎新展望未來

虎尾串迎日廣場
호미곶 해맞이광장

DATA

MAP P.184上／C2

從九龍浦港，公車
+步行約30分鐘

http homigot.invil.org ✉포항시 남구 호미곶면 해맞이로150번길 20 ☎(054)
270-5855 ⏰24小時 💰免費 ➡請參考P.183交通說明；**1**.從九龍浦換乘
中心搭往虎尾串的公車，車程約20分鐘，在虎尾串下車後往海邊走約10分
鐘；**2**.從九龍浦搭計程車，車程約10分鐘、車費約14,000₩ 🅿新千年紀念
館只有12月31日提供民眾過夜休息，平時早晨海邊會有咖啡店營業

　　「虎尾串」又稱為虎尾「岬」，是一塊三面環海的陸地，韓
國人將整個朝鮮半島看作是一隻老虎，而此處位置正是老虎的
尾巴，故有此地名，這裡也是韓國本土的最東端點，是每天最
早可看到日出的地方，每年12月31日～1月1日都會舉辦熱鬧的
迎新年日出活動。為了慶祝千禧年的到來，在虎尾串建造了「
相生之手」（상생의손），陸上的是左手、海上的是右手，雙手捧
著大家對新年的祝福，有著除舊布新、充滿希望的期盼，如今
成為虎尾串的象徵之物，除了每年的跨年迎新活動，平時也是
攝影愛好者的熱門取景地。

■1■5海上的右手，是拍日出的熱門取景畫
面 ■2■4陸上的左手，很多人都會在此拍
紀念照，後方是新千年紀念館 ■3從新千
年紀念館頂樓，可俯瞰周邊景色 ■6韓國
人將韓半島比喻為老虎，虎尾串顧名思
義，就是老虎的尾巴頂端
（圖4圖片提供／Windko Tsai）

盈德

영덕 · Pohang

慶尚北道　盈德竹蟹街

韓 國東海岸慶尚北道盈德郡的江口港，自古為有名的竹蟹盛產地，此處捕撈的螃蟹，是朝鮮時代的貢品，也是韓國國宴菜的料理食材。現在盈德竹蟹街的餐廳，販售的螃蟹分成：全年都有的俄羅斯產，以及從冬季到5月為主的韓國產。依店家說法兩者口感差不多，但俄羅斯產的體格較壯碩、價格更實惠。江口港邊還有魚市場，海邊公園有特色裝飾，遠離大城市的喧鬧，環境氣氛更為悠閒。

地圖標示：首爾、安東、大邱、盈德、浦項、慶州、釜山

| 玩 | 家 | 筆 | 記 |

大邱來往盈德江口港

　　距離盈德竹蟹街最近的市外巴士站，是江口港巴士站，直接從東大邱搭市外巴士，在江口巴士站下車，出站後左右兩邊對面的橋梁，都可以步行大約8～10分鐘往江口港竹蟹街。東大邱來往江口港，每天有往返各約12個班次，單趟車程約90分鐘、車費16,200₩，非常適合作為大邱的順遊之旅。

購買車票相關韓文：

　　「大邱東部」(대구 동부)，也可以說「東大邱」(동대구)，盈德郡則是要往「江口」(강구)。

江口巴士站(강구버스터미널)

從巴士站過橋到對岸，就是盈德竹蟹街的餐廳區

特色美食

品嘗最新鮮的大蟹美食宴

清潭大蟹
청담대게

DATA

`MAP` P.26手機APP定位

江口巴士站，
步行約8分鐘

✉경북 영덕군 강구면 강구대게길 31 ☎0507-1456-7036 🕐09:00～22:00，最後點餐21:00 💲螃蟹價位級距依照實際情況，大約120,000～220,000₩／每隻，不另收人頭費 ⓘ1.店內無電梯。2.螃蟹價格會有不同，消費前請先詢價

　　江口港的螃蟹餐廳，料理和計費方式，與韓國他處海鮮市場不太一樣，不只有螃蟹清蒸，套餐還包含豐富開胃前菜，以及多樣料理方式。此外，價格也不是以「重量＋人頭費」為計算方式，而是用螃蟹的大小隻來分4～5個等級，因為不另外加人頭入座費，價格更為透明清楚。挑選螃蟹的建議，小隻螃蟹價格雖然便宜，但肉質可能較為鬆散，推薦較為大隻、肉質較扎實，前2～3個等級的螃蟹為佳。

　　「清潭大蟹」是在地網評不錯的店家，有搬遷全新整修過，用餐環境明亮乾淨，另有包廂座位。俄羅斯產的螃蟹價格，大約分別為12萬、15萬、18萬、22萬／每隻，以4人用餐為例，依價位的不同，需點3～4隻螃蟹，沒有另外再加人頭入座費，套餐包含豐富海鮮類開胃前菜，以及多樣化的螃蟹料理方式，有清蒸、生吃、油炸、焗烤等，如果有不喜歡的，也可以跟店家說要替換。韓國人的用餐習慣，是先吃主餐，然後才吃主食(澱粉類)，最後才會上蟹腿泡麵和蟹膏炒飯吃到飽喔！

193

慶州
경주 · Gyeongju

被稱為露天博物館的千年歷史古都

曾是朝鮮半島新羅時期(西元前57年～西元935年)的首都，各處有眾多被暱稱為「大饅頭」的古墳❶坐落其中，現代居民的陽宅和古代王族的陵墓比鄰而居，雖說如此，也沒有絲毫陰森的感覺，就像綠地公園般融入居民的生活之中，為保持歷史的氛圍，市中心有限制建築物高度，沒有現代化的高樓大廈。慶州歷經千年歲月，累積豐富的珍貴文物，處處都記錄著古新羅的歷史軌跡，就像是一座沒有圍牆的博物館。

❶ 所謂「墳墓」，依墓主人的身分而有不同名稱。「陵」：帝王或統治者的墳墓，如善德女王陵。「墓」：墓主人身分明確，如金庾信將軍墓。「墳」：不知墓主人身分，如路西里古墳群。「塚」：有遺物出土但不確定墓主人身分，如天馬塚。

往良洞村
양동마을 방향

往浦項
포항 방향

金庾信將軍墓
김유신장군묘

慶州市廳
경주시청

慶州國立公園 吐含山地區
경주국립공원 토함산지구

瑤石宮
요석궁

慶州市區
(下圖)

普門觀光園區
P.205

月池
월지

慶州大學校
경주대학교

武烈王陵
무열왕릉

慶州世界文化EXPO公園
경주세계문화엑스포공원

往大邱
대구 방향

神武王陵
신무왕릉

新羅歷史科學館
신라역사과학관

鮑石亭
포석정

新慶州站
신경주역

善德女王陵
선덕여왕릉

南原食堂
남원식당

佛國寺
불국사

石窟庵
석굴암

文武大王陵
문무대왕릉

南山
남산

統一殿銀杏路
통일전 은행나무길

奉吉海水浴場
봉길해수욕장

國立慶州
博物館
국립경주박물관

雞林
계림

半月城
반월성

石冰庫
석빙고

邑川港壁畫村
읍천항벽화마을

柱狀節理・波濤聲音路
주상절리 . 파도소리길

下西港
하서항

北

東海
동해

往釜山
부산 방향

城東市場
성동시장

(舊)慶州站
경주역 폐역

中央市場
중앙시장

慶州郵局
경주우체국

OLIVE YOUNG
올리브영

兄山江
형산강

路東里古墳群
노동리고분군

樂天電影院
롯데시네마

慶州市外巴士站
경주시외버스터미널

路西里古墳群
노서리고분군

皇南麵包(最老店)
황남빵

觀光案內所
관광안내소

慶州農會超市
경주농협 하나로마트

淑英食堂
숙영식당

天馬塚
천마총

往國立慶州博物館、月池
국립경주박물관 방향、월지 방향

慶州高速巴士站
경주고속버스터미널

皇理團路
황리단길

大陵苑
대릉원

北

皇南館
황남관

李豐女 口路菜飯
이풍녀 구로쌈밥

大麥麵包
보리빵

瞻星臺
첨성대

慶州
旅遊黃頁簿

從大邱來往慶州，有相對密集的巴士車班，相關交通資訊、查詢班次的方法，可參考本書P.19的說明。

鐵路方面，因應韓國鐵道公社路線調整，原慶州火車站、佛國寺火車站已廢站，若要從韓國各地搭高鐵火車來往慶州，需在新慶州站、西慶州站上下車。

慶州市官網
http www.gyeongju.go.kr

慶州文化觀光
http www.gyeongju.go.kr/tour/chn/index.do

巴士站觀光案內所
📞 (054)772-9289
🕐 09:00～18:00
✉ 高速巴士站和市外巴士站之間的轉角處

佛國寺觀光案內所
📞 (054)746-4747
🕐 09:00～18:00
✉ 佛國寺山下停車場旁

新慶州站觀光案內所
📞 (054)771-1336
🕐 09:00～18:00
✉ 車站大廳內

■ 巴士

慶州的兩個巴士站，分別在路口轉角的兩側，中間有觀光案內所，周邊是旅館密集區，近主要觀光區域，或是方便搭公車往佛國寺等景點。

慶州市外巴士站
경주시외버스터미널
🗺 P.195下／A2

慶州高速巴士站
경주고속버스터미널
🗺 P.195下／A2

■ 火車／高鐵

■ 新慶州站(신경주역)

目前慶州主要的高鐵、火車站，距離市區和主要觀光區較遠，可搭70或700號公車、計程車往巴士站附近，車程約20～30分鐘，計程車車費約13,000₩。搭700號公車、計程車往佛國寺，車程約40～60分鐘，計程車車費約35,000₩。每天另有4班203號公車09:00、10:15、15:15、16:35往良洞村，車程約1小時，詳細班次建議再向車站大廳內的觀光案內所確認。
🗺 P.195上／A2

■ 公車、腳踏車、計程車

在慶州搭公車，可以使用韓國兩大交通卡(見P.79)，單程車

慶州高速巴士站　　　　　　慶州市外巴士站

(舊)慶州站

新慶州火車／高鐵站

費：一般公車投現1,300₩、刷卡1,250₩；座席公車投現1,700₩、刷卡1,650₩，若要使用換乘優惠，除了上車時刷卡，下車時也要在後門刷卡。慶州的10、11號公車可到大部分景點，是遊客最常使用的路線，搭乘位置和路線可參考下頁地圖和路線圖。

慶州市區可騎腳踏車參觀，建議以大陵苑周邊到慶州博物館之間為主，普門湖可到景點附近再租車，租金每天約10,000₩。

慶州計程車費基本3,300₩，部分景點、人多同遊或趕時間，可考慮搭計程車。

景點交通說明

■慶州各車站→佛國寺

搭公車到佛國寺(公車)站下車，往停車場後方山上步行約10分鐘可到。

巴士站出發：搭10、11號公車，車程約30分鐘。

新慶州站出發：搭700號公車，車程約60分鐘。

■佛國寺→石窟庵

Step1：在佛國寺觀光案內所右斜對面的站牌，或佛國寺大門對面往山上路邊的站牌，搭12號公車(班次時刻表請見下頁)，約10分鐘可到石窟庵的停車場。

Step2：下公車後往停車場後方上階梯直走，可到售票處和入口處，進去後再步行約20分鐘可到石窟庵。

Step3：回程時，在去程下車處搭12號公車，約10分鐘可回到佛國寺山下。

■慶州市區→良洞村

1.在慶州市區搭203號公車(班次時刻表請見下頁)，約30分鐘在良洞村口下車即到，回程時在同一個站牌搭車即可。

2.從慶州巴士站附近搭計程車前往良洞村，車程約25～30分鐘、車費約25,000₩，回程可請售票處、觀光案內所工作人員協助叫車。

住宿

慶州可住宿的區域和選擇很多，民宿大多在巴士站周邊，若要住一般旅館(巴士站旁為主)，到當地再找住宿即可，若要住韓屋或特定的地方，則建議事先預訂為佳，普門湖周邊的住宿，以星級觀光飯店和度假村為主。

慶州塔

統一殿銀杏路

旅遊行程規畫

　　建議在慶州住宿1～2晚，若時間較緊湊，亦可住在大邱，安排慶州一日旅遊。佛國寺、石窟庵安排在前後，夏季日落較晚，若體力夠亦可加歷史遺跡區。良洞村較遠、公車少，建議預留半天時間。春季普門湖櫻花路可預留半天慢慢散步，秋季統一殿銀杏路可先去拍照，接著再往佛國寺參觀。

12號公車時刻表

班次	佛國寺出發	石窟庵出發
1	08:40	09:00
2	09:40	10:00
3	10:40	11:00
4	11:40	12:00
5	12:50	13:05
6	13:40	14:00
7	14:40	15:00
8	15:40	16:00
9	16:40	17:00
10	17:20	18:20

＊實際情況以當日現場為準，夏、
　冬季的末班車時間會有差異。
＊製表：Helena(海蓮娜)

203號公車時刻表 (起→訖)

班次	慶州巴士站 →良洞村	良洞村→ 新慶州站
1	06:15	07:25
2	07:15	08:40
3	09:15	10:35
4	10:30	11:55
5	12:10	13:35
6	13:30	14:55
7	15:30	16:55
8	16:50	18:25
9	18:30	19:55
10	19:50	-

註1：標底色班次的起或訖站為「市外巴
　　 士站」，未行經新慶州站。
註2：以上資訊若有異動，依當地最新公
　　 布為準，前往時請務必再次確認。
　　　　　　　　　 ＊製表：Helena(海蓮娜)

慶州市區公車站位置圖

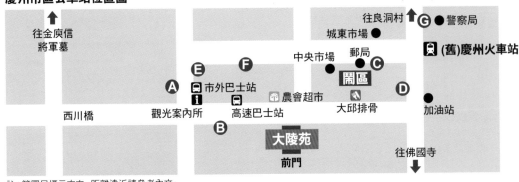

註：簡圖只標示方向，距離遠近請參考內文。
公車站說明(A～G)：＊A／B／C／D：可前往國立慶州博物館、佛國寺、石窟庵等景點。
　　　　　　　　　＊E／F／C／G：可前往良洞村。　　＊舊慶州火車站步行至C約2分鐘，至G約2分鐘。

慶州10、11、12號公車路線說明

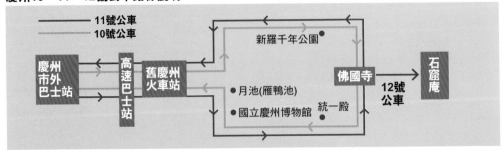

註1：從巴士站出發，經過舊慶州火車站，10、11號公車會在月池附近開始走不同的路線，各繞一圈後，最後再回到月池附
　　 近會合，因此雖然都有到同一個景點，但是前後順序會不太一樣。
註2：佛國寺山下停車場公車站，10號公車停靠在停車場側，11號公車停靠對向。

遊賞去處

秋高氣爽賞漂亮銀杏

統一殿銀杏路

통일전 은행나무길

DATA

MAP P.195上／B2

出巴士站轉搭
公車約15分鐘

✉經州市 칠불암길 6(남산동)　☎(054)748-1850　🕘統一殿3～10月09:00～18:00，11～2月09:00～17:00；銀杏約10月底開始變黃，到11月初掉落　💲統一殿內外都免費參觀　➡搭公車在統一殿站下車即到；**1.**從巴士站出發：搭11號公車，車程約15分鐘。**2.**從佛國寺出發：搭10號公車，車程約15分鐘　🏮銀杏路在統一殿外

　　統一殿建造於1977年韓國朴正熙總統當政時，供奉古新羅時代對朝鮮半島統一有功的武烈王金春秋、文武王金法敏和金庾信將軍的畫像，並期望南、北韓統一。殿外筆直的道路上，種植了一整排銀杏樹，經過數十年成長壯大，當每年10月底到11月初銀杏葉變黃之時，成為慶州賞秋景拍照的熱門景點，如果體力許可，建議進到統一殿裡、爬到最高處，俯瞰整排黃澄澄的銀杏樹，也是不錯的景色！

1　**3**統一殿前的銀杏路，每到10月底就成為攝影愛好者的熱門取景地
2公車通過黃澄澄的銀杏樹下，也是充滿意境

特色美食

感受最道地的傳統韓風

城東市場

성동시장

DATA

MAP P.195下／C1

舊火車站
步行約3分鐘

✉慶州市 원화로281번길 11(성동동)　☎(054)772-4226　🕘各店家不一，約07:00～20:00，日落前最熱鬧　🈺常設市場，中秋、元旦較多店家會休息　➡舊慶州火車站前面對馬路，右邊對面直走一下即到

　　現在所說的「韓風」，多半是指流行的服飾、戲劇、音樂等類別，但「傳統」是國家的起源，而要感受體驗這樣的氛圍，市場就是最適合的好地方。慶州火車站對面、已有近50年歷史的城東市場，從最初的定期開市，之後轉變成常設每天營業，雖然相較於其他市場，這裡的營業規模不是太大，但是平價實惠的山菜拌飯、韓食吃到飽，各種韓式小吃、豐富水果，還有傳統口味的炸雞，來到慶州不無聊，去市場吃吃喝喝也是一種樂趣唷！

1　**4**城東市場雖然規模不大，但也因此商品更集中好逛
2　**3**各類韓國小吃和水果都能在這裡找到

老屋重生的全新感受

皇理團路
황리단길

MAP P.200／B2
出巴士站
步行約10分鐘

⊙各店家不同，麵包店、早午餐店、韓服店約從09:30開始，咖啡店、其他餐廳約從11:00開始，多數店家營業到晚餐左右，亦有酒吧到24:00。部分餐廳15:00～17:00會午休 休 各店家不同，多數店家會在平日1～2天公休 ➡入口位於大陵苑後門側旁邊；**1**.慶州高速巴士站對面左轉，直走約9分鐘的路口右轉即到／**2**.舊慶州火車站前左轉，步行約6分鐘的路口右轉過馬路，再直走約11分鐘的路口左轉即到

　　慶州是韓國最早有世界文化遺產的城市之一，已有千餘年的發展，為了保有歷史風味，主要市區限制建築物高度，是個很有特色的地方，但如此的光環容易讓人以為，慶州就是個看古蹟寺廟的地方，

1在皇理團路和附近的大陵苑、校村韓屋村，可租借韓服體驗 **2** **10**皇南酒宅韓屋酒吧 **3** **5**咖啡Ohi **4** **8**皇理團路有幾家販售設計商品的特色小店 **6** **7**趕快趕快書店 **9**seasoning韓屋義大利麵 **11**皇南PLACE早午餐

皇理團路周邊街道圖

태종로
往慶州高速巴士站
경주고속버스터미널 방향

天馬塚
천마총

理想的烘焙咖啡
이상적 로스터리 카페

趕快趕快書店
어서어서

光之圈韓屋茶屋
빛꾸리

韓服閣韓服出租
한복나드리

大陵苑
대릉원

皇南PLACE
황남PLACE

幸福韓屋村
행복한옥마을 셔블

咖啡Ohi
카페 오하이

大陵苑石牆櫻花路

往東宮、月池、雁鴨池
동궁、월지、안압지 방향

李豐女口路菜飯
이풍녀구로쌈밥

Manol
마놀

seasoning
시즈닝

皇理團路
황리단길

皇南酒宅
황남주택

大陵苑正門

瞻星臺
첨성대

北

皇南派出所
황남파출소

往月精橋
월정교 방향

계림로

200

似乎沒什麼新鮮感，來去勿勿的旅遊行程裡，總覺得缺少了些什麼。

與其他古城有相同問題，慶州一些有歷史的住宅群，面臨因歲月流逝而逐漸老舊斑駁，市區裡的平房古宅該如何走出自己的新生命，是這千年古都的必經歷程。「大陵苑」是慶州最知名的古墳公園，四周聚集許多新舊韓屋矮房，為了活化老街道的發展，將此區打造成有著各式餐廳、咖啡店、酒吧、特色商店、韓服體驗的「皇理團路」，名稱由來自首爾的經理團路，賦予韓屋新的豐富面貌。

皇理團路的範圍還在逐漸擴大，無論是追尋知名的韓屋西餐廳和咖啡店，或是無意間發現的有機冰淇淋店，晚上再到特色酒吧來瓶清涼啤酒，顛覆大家對於古都的刻板印象，結合周邊的校村韓屋村，週末限定的自由市場鳳凰市集等，慶州只玩一天好可惜，至少待1～2個晚上，好好體驗不一樣的韓式風情。

沒有圍牆的博物館、世界文化遺產

慶州歷史遺跡區
경주역사유적지구

DATA

MAP P.195下
出巴士站步行
約12～48分鐘

◎瞻星台09:00～22:00、大陵苑＆天馬塚、雁鴨池09:00～22:00，最後入場21:30 ⑤大陵苑＆天馬塚、雁鴨池：大人3,000₩，青少年2,000₩，小孩1,000₩ ◎請參考右邊巴士站周邊景點的建議步行路線，從巴士站、舊火車站，步行約12～48分鐘範圍

　　慶州巴士站周邊，包含大陵苑、雁鴨池和南山等的範圍區域，因為有著豐富的新羅時期遺跡和文物，2000年時被列為世界文化遺產，也讓慶州成為「沒有圍牆的博物館」。

大陵苑、天馬塚(대릉원、천마총)：

　　大陵苑是新羅王族陵墓聚集的古墳公園，沒有陰森的感覺，白天、夜晚都是散步好去處，每年4月初櫻花盛開時，石牆旁的櫻花路尤其受歡迎。大陵苑內的天馬塚，是慶州唯一有挖掘、可參觀內部的古墳，出土遺物除了有金、玉製作的飾品，還有一件以馬為主題的畫作，所以取名天馬塚，內部復原完整，真實呈現新羅時代堆石木墩棺槨的構造。

必遊景點

巴士站周邊景點

　　從巴士站附近的大陵苑到慶州博物館為止，中途會行經瞻星台、雞林、半月城、石冰庫和月池等景點，每個景點之間的距離大約步行3～10分鐘即可到達。

建議步行路線

大陵苑後門(天馬塚)
↓
大陵苑前門
↓ 過馬路到對面直走約5分鐘
瞻星台
↓ 對面直走約3分鐘
雞林
↓ 右轉上斜坡後左轉
半月城
↓ 直走約1分鐘
石冰庫
↓ 往前直走過馬路，右轉直走約5分鐘
月池
↓ 出大門後左轉直走約10分鐘的對面
國立慶州博物館

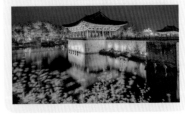

1 2大陵苑旁的石牆櫻花路 **3**大陵苑裡的天馬塚 **4**瞻星台 **5**石冰庫 **6**月池旁的蓮花池 **7**月池的美麗夜景

瞻星台(첨성대)：

朝鮮半島最古老的天文台，善德女王(西元632～647年在位)時建造於新羅王宮月城的北邊，可讓百姓自行觀測天候和星象變化，有利於農業發展。花崗岩磚塊的數量和設計，代表一年天數、12個月和24節氣，歷經千年大致保存完整，1962年被指定為國寶第31號。

雞林(계림)、半月城(반월성)、石冰庫(석빙고)：

「雞林」傳說是新羅金姓始祖的出生地，也是新羅最早的國號，而「月城」是古新羅王宮所在地遺址，地形像上弦月，又稱為新月城或半月城，現在遺址內留有朝鮮英祖14年(西元1733年)建造的石冰庫，顧名思義就是用石頭做成的冰箱，特殊構造加上稻草隔熱，可以有效保存冰塊不融化。

月池、雁鴨池(월지、안압지)：

原為新羅時期的臨海殿，是王位繼承人居住的東宮，建造多座用來當作設宴場所的殿閣和庭院，旁邊還有一個蓮花池。這裡最早稱為月池，朝鮮時期因為聚集了很多的大雁和鴨子，而改名為雁鴨池，後又改回原稱月池，是慶州有名的夜晚賞遊景點。

遊賞去處

依山而建的歷史村落

良洞村

양동마을

DATA

🌐 yangdong.invil.org ✉ 경주시 강동면 양동리 ☎ (054)762-2633 🕐 4
～10月09:00～19:00、11～3月09:00～18:00,售票時間至參觀截
止前1小時 💰 大人4,000₩、青少年2,000₩、小孩1,500₩ ➡ 請參
考P.197交通說明,穿過村口博物館,或從警衛室旁直走可往售票處
ℹ 實際有人居住,參觀時請降低音量、勿亂丟垃圾

在慶州北邊的雪倉山旁、依山而建,是韓國規模最大、
歷史最悠久的兩班貴族❶聚居村落,也是朝鮮時期具代表
性的同姓村,在月城孫氏和驪江李氏家族的發展下,此處
成為政治人才與學者倍出的寶地。良洞村裡保留著韓國傳
統建築,貴族住宅是地勢較高的瓦房,而百姓家屋則是地
勢較低的草屋,村內還有數量豐富、保存良好的相關文物
資料,1984年被指定為韓國重要民俗資料第189號,2010
年以「歷史的村落」之名被指定為世界文化遺產。

1 **3** 可參觀大門全開的建築,若是半掩或有拉
繩阻擋,還請不要隨意進入喔 **2** 村裡的某處小
徑,也充滿傳統氛圍 **4** 在家門前乘涼聊天的長
輩 **5** 依山而建、呈「勿」字型的良洞村 **6** **7** 正在
製作傳統手工年糕的村民

❶ 朝鮮時代的統治階層稱為「兩班」,其中又分為文班和武班,類似
中國的文臣和武將。

櫻花盛開的湖畔好風光
普門湖櫻花路
보문호벚꽃길

MAP P.205

出巴士站轉搭公車約20分鐘

DATA

📧 經州市 보문관광단지 🕐 24小時，櫻花約每年4月初綻放 💲 免費
➡ 搭公車在慶州世界樂園(경주월드)下車，往希爾頓飯店(힐튼호텔)方向過橋，步行約7分鐘，從星巴克附近開始沿湖賞櫻；離開時往大馬路方向走，搭乘公車即可；**1.**從巴士站出發：搭10、700號公車，車程約20分鐘；**2.**從佛國寺出發：搭11、700號公車，車程約10分鐘，下車後過馬路到對面

　　普門湖是慶州東側的人工湖，以湖為中心，規畫為複合式的觀光園區，有多家觀光飯店和各種娛樂設施，沿著湖邊也有完備的散步路和自行車道，此外普門湖周邊是慶州櫻花樹的密集區，也是韓國東南部知名的賞櫻景點，湖光美景搭配粉嫩櫻花，再加上楊柳點綴，別有一番值得細細品味的特殊風情，每當4月初櫻花綻放，總是吸引各地遊客的目光，推薦從希爾頓飯店附近的湖邊區段開始，享受初春微風、繁櫻盛開的美好時節。

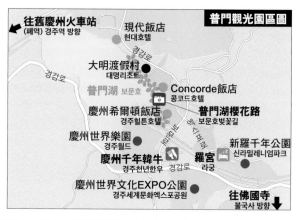

普門觀光園區圖

往舊慶州火車站
(폐역) 경주역 방향

現代飯店 현대호텔
大明渡假村 대명리조트
普門湖 보문호
Concorde飯店 콩코드호텔
慶州希爾頓飯店 경주힐튼호텔
普門湖櫻花路 보문호벚꽃길
慶州世界樂園 경주월드
新羅千年公園 신라밀레니엄파크
慶州千年韓牛 경주천년한우
羅宮 라궁
慶州世界文化EXPO公園 경주세계문화엑스포공원

往佛國寺 불국사 방향

1 4普門湖旁美麗的櫻花路 **2**櫻花、垂柳、小橋與湖水，構築成一幅美麗的景色 **3**下小雨撐傘賞櫻，別有一番不同的感受

遊賞去處 DATA

世界文化遺產的千年古蹟

佛國寺
불국사

MAP P.195上／C2

出火車站，公車
+步行約40分鐘

www.bulguksa.or.kr ✉ 경주시 불국로 385(진현동) ☎(054)746-9913 ⏰佛國寺、石窟庵平日09:00～17:00，假日08:00開始 💲大人6,000₩，青少年4,000₩，小學生3,000₩，不能刷卡，石窟庵門票費用同佛國寺 ➡請參考P.197交通說明 ❓此處資訊網址、地址、電話為佛國寺資料

　佛國寺於1995年成為世界文化遺產，根據史書記載，是於新羅時期、西元774年完工，為宰相金大城紀念父母所興建，於壬辰倭亂時木造建築全被燒毀，目前的建築物是朝鮮時代整修而成，石造部分則是最原始的千年古蹟。寺內的紫霞門和安養門，分別通往大雄殿和極樂殿，紫霞門前的青雲橋和白雲橋，上下分別代表佛祖和一般眾生的世界，而安養門前的七寶橋和蓮花橋則是代表往極樂世界的路，但為保護文化遺產，大雄殿、極樂殿前的門和橋都禁止通行，要從側邊的路進去。

1 多寶塔前的福金豬 2 佛國寺內的多寶塔，是10₩銅板上的建築
3 4 寺院外的櫻花樹林 5 佛國寺主殿 6 寺院內的楓紅景致

｜玩｜家｜筆｜記｜

石窟庵(석굴암)

　位於佛國寺附近，是一座人工花崗岩石窟寺院，根據史書記載，是新羅時期宰相金大城為紀念前世父母所興建。石窟庵主室屋頂呈半月形，上有蓮花紋的圓盤為蓋，供奉著釋迦如來佛像，和佛國寺一起被列入世界文化遺產，為保護歷史遺跡，主室內只能隔著玻璃參觀並禁止拍照。(參考P.197交通說明)

石窟庵佛像複製品，攝於慶州塔內

MAP P.205

特色美食

高CP值的美味享受

慶州千年韓牛

경주천년한우

DATA

出巴士站，公車
＋步行約17分鐘

📧 경주시 보문로 545-9(천군동) 📞 (054)741-8006 ⏰ 餐廳11:30～21:50，最後點餐21:00，下午15:00～16:30休息。肉品販賣處10:00～21:00 🚫 每月第二個週一 💲 烤肉可自選，另加基本費每人6,000₩(大人)，基本費最少須2人起。2人以上，每人均約35,000～40,000₩起。其他單點10,000～30,000₩ 🚍 搭公車到「慶州樂園」站下車，從遊樂園正門對面的巷子進去，直走約1～2分鐘，左轉穿過停車場走進去即到；1.從慶州市區出發，搭10號公車，車程約15分鐘；2.從佛國寺周邊出發，搭11號公車，車程約15分鐘 ❓ 小菜、沾醬和生菜為自助式。可1人用餐

MAP P.205

Menu

慶州千年韓牛菜單

☐ 千年韓牛湯 / 천년한우탕
☐ 生牛肉拌飯 / 육회비빔밥
☐ 生拌韓牛 / 한우물회
☐ 生拌牛肉 / 특미육회
☐ 米飯 / 공기밥
☐ 大醬湯 / 된장찌개
☐ 麵線 / 소면
☐ 水冷麵 / 물냉면
☐ 辣拌冷麵 / 비빔냉면
☐ 可樂、汽水 / 콜라、사이다
☐ 馬格利 / 막걸리
☐ 燒酒 / 소주
☐ 啤酒 / 맥주

　「韓牛」與一般肉牛不同，並非在韓國生產的都是韓牛，必須經過特殊飼養流程，有等級評鑑的牛肉，才能稱為韓牛，真正新鮮有好品質的韓牛肉量少價高，在一般餐廳的價格還真是不太便宜。慶州的「千年韓牛」由農會直接經營，減少盤商的進貨成本，可用相對實惠的價格，品嘗到韓牛的鮮嫩美味，一般吃烤肉是直接點部位，但這裡是要先到旁邊販賣場買肉，直接看到肉品的色澤和油花分布，再自己挑選想買哪盤肉。

　韓牛分為4個等級，「1++」雖然是最好的，但油脂分布較多，建議依照個人口味，搭配不同等級部位的肉，此外這裡也有一些豬肉或蔬菜菇類，三五好友一起來用餐，不必擔心不吃牛、不吃豬的問題，建議先買基本適量，吃不夠再來加買就好，買好肉之後到旁邊餐廳，只需要付基本人頭費，就能享受真木炭火烤韓牛的美味，記得牛肉別烤過熟，5～7分最能吃出鮮嫩好口感，另外中午時段也能點使用大塊牛腱肉製作的韓牛湯，或是生牛肉拌飯、生拌韓牛等美味喔！

1 餐廳外觀，右灣是肉品販賣處 2 用牛腱肉製作的韓牛湯 3 可以自己選要吃哪盤肉再購買 4 韓牛記得別烤過熟，太硬可是會影響口感

豐富新鮮蔬菜、吃飽也吃健康

MAP P.195下／D2

從大陵苑正門
步行約4分鐘

李豐女 口路菜飯

이풍녀 구로쌈밥

DATA

✉經州市 첨성로 155번지(황남동) ☎0507-1478-0600 ⏰09:00～20:30，最後點餐19:30 🈺春節、中秋 💲菜包飯套餐(쌈밥)每人15,000₩ ➡大陵苑正門出來直走到路邊左轉，過馬路直走約3～4分鐘 ❓不可1人用餐

　　「菜包飯」是慶州傳統料理，用新鮮蔬菜包著飯和小菜一起吃，大陵苑附近是菜包飯店家聚集的地方，因而稱為菜包飯街。雖然名稱叫菜包飯，但可別以為內容會很單調，相反地，受到韓國傳統韓定食的影響，除了新鮮蔬菜和白飯，也有很多樣的小菜和烤肉、烤魚、湯鍋。「李豐女」女士1995年由韓國傳統文化保存會指定為傳統飲食名人，她所經營的菜包飯餐廳，提供內容豐富好吃的菜包飯韓定食，包飯的蔬菜和一般小菜都可以吃完再續，視覺和味覺都能讓人滿足呢！

１店家外的招牌 ２用蔬菜包著米飯和小菜一起吃 ３視覺、味覺都極度令人滿足的菜包飯韓定食套餐

低調韓屋裡的家常好味

MAP P.195下／C2

舊火車站
步行約12分鐘

淑英食堂

숙영식당

DATA

✉經州市 계림로 60(황남동) ☎(054)772-3369 ⏰11:00～20:00，最後點餐19:00 🈺每月第2、4個週二 💲大麥飯定食(찰보리밥정식)單人11,000₩，兩人以上每人10,000₩、煎餅(파전)10,000₩ ➡1.舊慶州火車站前左轉，步行約6分鐘的路口右轉過馬路，再直走約6分鐘左轉，再走一下的左邊；2.慶州高速巴士站對面左轉，直走約15分鐘右轉，再走一下的左邊 ❓客人較多時，可能無法1人用餐，建議先電話詢問

　　位於韓屋裡的知名傳統韓食餐廳，在大陵苑石牆路旁不起眼的位置，餐點選項也不多，但料理的口味卻是清爽好吃。這裡的主要餐點是大麥飯定食，將口感滑順的大麥飯加到有多種新鮮蔬菜的碗裡，像拌飯一樣攪拌均勻後食用，為了要烹煮好吃的大麥飯，製作時也加入了各種穀類，此外隨餐提供的大醬湯鍋和煎魚也是輕口味、不油膩，是很受到當地人喜愛的家常美味。

１店家外觀 ２口感滑順的大麥飯 ３選項簡單、但口味卻不馬虎的家常好味料理

特色美食

佛國寺附近的飽餐好選擇

南原食堂
남원식당

DATA

*該店家易主經營,仍為提供類似韓式餐點的餐廳。

MAP P.195上 / C2

出巴士站轉搭
公車約30分鐘

✉경주시 불국사 숙박촌 상가내 ☎(054)746-8296 ⏰07:00～18:00,最後點餐17:00,全年無休 💲各項餐點約8,000～15,000₩ ➡搭10、11或700號公車在佛國寺(公車)站下車,往公車站與觀光案內所中間對面的路直走,靠右側第2排的第3家店面 🔞可1人用餐(部分餐點)

　　「南原食堂」是在佛國寺山下停車場對面,餐廳群裡的一家小店,進到店裡都還沒點餐,老闆娘就開始忙了起來,別覺得疑惑,這是要準備可比擬正餐的餐前菜(例:海鮮煎餅或涼拌橡實凍)喔!佛國寺是很多到訪慶州的人都會安排的景點,但是周邊可用餐的地方不多,如果要接著去附近或普門湖周邊的景點,不妨先來這裡吃個石鍋拌飯或熱湯鍋,然後再繼續接下來的行程吧!

1店家外觀 **2**餐前的蔥煎餅已是如此豐富 **3 5**無論什麼餐點,都有提供豐富多樣的小菜 **4**香菇鍋

Menu

南原食堂菜單

☐ 烤肉鍋 / 불고기
☐ 香菇鍋 / 버섯전골
☐ 山菜定食 / 산채정식
☐ 蔥煎餅 / 파전
☐ 涼拌橡實凍 / 도토리묵
☐ 大醬湯鍋 / 뚝배기된장
☐ 排骨湯 / 갈비탕
☐ 石鍋拌飯 / 돌솥비빔밥
☐ 烤排骨定食 / 떡갈비정식
☐ 嫩豆腐定食 / 순두부정식

南原食堂位置圖

```
              南原食堂
11號          🍴
公車站牌
🚌            12號
              公車站牌

🚌            ℹ
10、700號     觀光案內所
公車站牌
         往佛國寺
            ⬇
```

特色美食 | 在韓屋裡品味韓式茶點 | MAP **P.200／B1**

光之圈
빛꾸리

DATA

出巴士站
步行約15分鐘

📍경상북도 경주시 손효자길16-1 📞(054)777-4421 🕐11:00～20:00 💲各式飲料茶點9,000～15,0000₩ 🚌從靠近大陵苑後門的皇理團路入口步行約4～5分鐘，請參考P.200地圖 ❓每人低消點一樣，點餐時付款。為了維護安靜的氣氛，婉拒13歲以下孩童入場

　　「光之圈」是位在慶州大陵苑旁，皇理團路小巷弄裡的韓屋傳統茶店，名稱有創造新夢想的含義，雖然位置較為隱祕，但相對來說氣氛也更寧靜，倚靠著落地窗發呆放空，原來自助旅行也可以如此漫遊。店裡最熱門的主打餐點，是很吸睛的六色烤年糕，分別是南瓜、艾草、黑米、仙人掌、紫色地瓜、白米等口味，記得要趁熱沾蜂蜜吃最佳，搭配傳統酸口味的五味子茶(오미자차)和梅實茶(매실차)，或是推薦韓國麵茶(미숫가루)、柚子茶(유자차)也都不錯唷！

1 2 3將韓屋打造成茶屋，更是有傳統的氣氛 **4**這裡招牌的六色烤年糕(색동 인절미구이)

| 玩 | 家 | 筆 | 記 |

慶州的老牌伴手禮～
皇南麵包(황남빵)

　　「紅豆」是韓國常見的冰品點心配料，來到慶州成為伴手禮主角，薄麵皮包著滿滿紅豆沙的圓形點心，用原產地皇南洞命名，慶州街上隨處可見「皇南麵包」的招牌，但一般公認最老店、口味最好的店家，位於大陵苑後門附近，常可看到當地人一買好幾盒。對平常不太吃甜食的人來說，皇南麵包口味偏甜，比較適合搭配無糖或少糖的飲料一起享用，需要留意的是，皇南麵包最老店的商品保存期限，常溫僅3～7天，低溫冷凍最多也只能放1個月喔！

1 3皇南麵包單個800₩，另有20、30個盒裝
2店家外觀

交通便利的韓屋飯店

 MAP P.195下／B2

出巴士站轉搭
計程車約3分鐘

皇南館
황남관

DATA

http hanokvillage.co.kr ✉ 경주시 포석로1038(황남동) ☎(054) 620-5000 ⏰入住15:00、退房11:00，早餐分08:00、08:30兩個時段 $雙人房平日80,000₩起，早餐每份10,000₩，韓服試穿免費(1小時)，無洗衣機 ➡從巴士站前往，計程車車程約3分鐘、車費約3,800₩，步行約20分鐘

　　位在慶州歷史遺跡區的韓屋村飯店，和巴士站、火車站相距亦不遠，雖然一般雙人房內、衛浴設備的空間稍小，但對於想體驗韓屋住宿，卻擔心使用屋外衛浴不方便的人來說，會是個不錯的選擇，並且戶外活動空間大，還可以免費試穿韓服，飯店範圍內可免費無線上網，也可加價享用韓式早餐，提高一些預算，但有更好的住宿品質，也是一個不錯的選擇。

新式傳統韓屋好便利

MAP P.200／B1

出巴士站，步行
約15～20分鐘

幸福韓屋村
행복한옥마을 셔블

DATA

http www.facebook.com/syeobul ✉ 경주시 포석로1092번길 26-1 (황남동) ☎010-7305-8609 ⏰入住15:00、退房11:00，早餐08:00～10:00 $雙人房平日70,000₩起、週末90,000₩起 ➡參考P.200皇理團路，從入口沿大陵苑圍牆步行約5分鐘

　　就在大陵苑圍牆邊的位置，位於皇理團路區域內，雖然緊鄰古墳公園，但是沒有陰森不舒服的感覺，全新建造的傳統韓屋，雙人房都是睡地板，三人房部分可睡床鋪，雖然室內空間稍微小一些，但是每個房間裡都有獨立衛浴設備，想要體驗韓屋住宿的人，不用擔心屋外共用衛浴的不方便，室外有寬敞庭院活動空間，可付費租借韓服外出拍照，民宿範圍內可免費無線上網，提供簡易早餐水果。

安東
안동 · Andong

朝鮮半島的傳統儒學文化故鄉

首爾

安東　盈德
　　　浦項
大邱　慶州

釜山

　位於韓國的東南部，是朝鮮時代許多知名儒學者的故鄉，擁有多座韓國代表性的儒家書院❶和豐富儒學文物，其中最為人所知的，就是有「歷史的村落」之名的世界文化遺產「河回村」，以及韓國五大書院❷中的「陶山書院」、「屏山書院」。此外，國寶第121號的河回假面，無形文化財第69號的河回別神巫假面舞，以及邀請世界各國面具舞表演團體參加的「安東國際假面舞節」，也都是安東不可錯過的重要文化演出。

❶ 朝鮮時代的學校，中央為「成均館」，公立學校稱為「鄉校」，私立學校稱為「書院」。
❷ 韓國的五大書院，另有榮州市「紹修書院」、慶州市「玉山書院」和大邱市「道東書院」，在大邱未升格廣域市之前，全部都位於慶尚北道的範圍內。

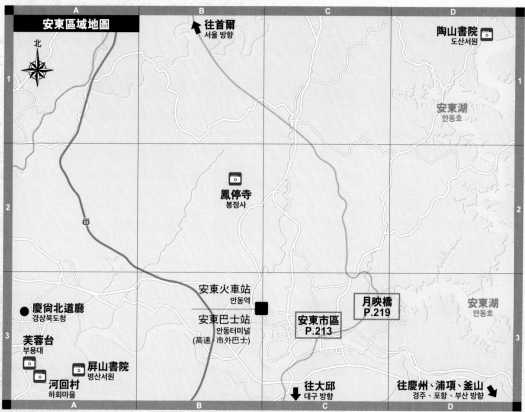

安東區域地圖

北

往首爾
서울 방향

陶山書院
도산서원

安東湖
안동호

鳳停寺
봉정사

慶尙北道廳
경상북도청

安東火車站
안동역

月映橋
P.219

安東市區
P.213

安東巴士站
안동터미널
(高速、市外巴士)

安東湖
안동호

芙蓉台
부용대

屏山書院
병산서원

河回村
하회마을

往大邱
대구 방향

往慶州、浦項、釜山
경주、포항、부산 방향

安東市區街道圖

安東蒸雞巷弄
안동찜닭골목

安東舊市場
안동구시장

安東東部小學
안동동부초등학교

壁畫村

元祖安東蒸雞
원조안동찜닭

安東市區
熱鬧區域

MAMMOTH麵包店
맘모스 빵집

高麗飯店
고려호텔

安東小學
안동초등학교

安東溫泉蒸氣房
안동온천 찜질방

公車站牌
(往安東火車站／巴士站)

新首爾排骨
뉴서울갈비

公車站牌
(往鳳停寺)

飯捲天國
김밥천국

北

教保生命大廈
교보생명、Kyobo

舊安東火車站
안동역(폐역)

公車站牌
(往月映橋、陶山書院)

安東
旅遊黃頁簿

從大邱來往安東，東大邱的市外巴士班車較多，鐵路只有每天2班火車。目前安東的火車新站和巴士站就在對向，過個馬路就能抵達，若從韓國各地要前往安東，選擇出發地住處較為便利的交通方式即可。除了從大邱出發，安東和慶州的距離亦不遠，規畫行程時也可相互串接。

安東市官網
🔗 www.andong.go.kr

安東文化觀光
🔗 www.tourandong.com

慶北綜合觀光案內所
📞 (054)852-6800
🕐 09:00~18:00
✉ 新安東火車站內

河回村觀光案內所
📞 (054)852-3588
🕐 09:00~18:00
✉ 河回村入口旁

巴士

安東巴士站(안동터미널)

安東的綜合巴士站，和東大

安東巴士站

安東火車站

邱的來往班次較多，亦可從慶州、浦項等來往，有少數置物櫃(只能用現金)，觀光案內所在對面火車站裡。車站周邊餐廳和旅館的選擇很少。車站正門外可搭210號公車往河回村，車程約30分鐘。
🅜 P.213上／B3

火車

安東火車站(안동역)

安東火車站已搬遷到新站，位置就在巴士站的對面，過馬路即可抵達。車站裡有觀光案內所(預計搬出去到巴士站的正門對面)，目前站內沒有置物櫃，需前往巴士站內使用。車站周邊餐廳和旅館的選擇很少。若要前往河回村，公車站牌位置在對面巴士站的正門前。
🅜 P.213上／B3

安東公車、計程車

搭公車可使用T-money交通卡，單程車費投現1,500₩、刷卡1,400₩，前門付費上車，後門下車時交通卡刷不刷皆可。因火車站已搬遷到新站，公車的起站不一定是從火車站，多數為中間經過火車和巴士站，建議預計班次時間前至少5分鐘要前往站牌等車。

計程車基本車費3,300₩，從舊火車站來往月映橋，或是從河回村來往屏山書院，建議可選擇搭計程車。

河回村、屏山書院

搭210號公車(週末假日另有急行2路公車)在河回村外停車場下車、購買門票，再轉搭免費接駁車到村口，回程可在村口直接搭210號公車往市

各地→安東的巴士資訊 (去回程相似，實際情況以當日現場為準)

出發城市	大邱	慶州	浦項	釜山
出發車站	東大邱綜合換乘中心 (高速巴士)	慶州市外巴士站 (市外巴士)	浦項巴士站 (市外巴士)	釜山綜合巴士站 (市外巴士)
到達車站	安東巴士站	安東巴士站	安東巴士站	安東巴士站
班次間距	06:40~21:00 每天約23班車 深夜22:00	11:00、17:10	06:40~20:10 每天8班	07:05~19:35 每天9班
車資(大人票價)	優等11,600₩ 深夜12,700₩	14,800₩	17,100₩	20,000₩
行車時間	約1小時40分鐘	約1小時30分鐘	約2小時10分鐘	約2小時20分鐘

製表：Helena(海蓮娜)

區。210號公車每天有3個班次，會先開往河回村、轉屏山書院，再往河回村後回市區，從書院出發的時間固定，若有任何因素公車晚到書院，停留時間將會更短，若有興趣參觀，建議可請河回村口觀光案內所協助叫計程車來回。

安東的公車外觀

安東住宿

安東的景點較為分散，交通時間相對也較長，若想深度遊覽，建議在安東住宿1～2晚，每天安排約2個景點，因為公車班次少，須留意串接的公車時刻。舊火車站對面為旅館密集區，另有民宿和蒸氣房可以選擇，旁邊為熱鬧商圈和傳統市場，若想體驗住韓屋，也可到河回村後請村口觀光案內所介紹(韓屋每晚約5～10萬₩)。

安東旅遊行程規畫

安東的基本建議行程：第一天晚上到安東市區住宿。第二天白天河回村、屏山書院，晚上月映橋。第三天早上陶山書院，下午離開安東。

| 玩 | 家 | 筆 | 記 |

安東旅遊概況說明

目前安東火車站、巴士站，都已搬遷到比較遠離市區的位置，兩個站就在對向，相對來說與河回村更近了一些，但安東的主要鬧區、飯店旅館、傳統市場、24小時蒸氣房等，都還是在舊站對面那一區，如果要在安東住宿，無論是以鐵路或巴士抵達，都要再轉往舊站位置的市區，因此不建議攜帶過大的行李，在移動上會較為便利。

隨著鐵路、巴士車站的搬遷，安東的公車路線號碼也大幅更改，來往河回村的公車是210號(週末假日另有急行2路公車)，在安東巴士站正門前站牌搭乘，安東火車站內的觀光案內所，如同以往，有整理各景點公車的時間表和乘車位置簡圖，班次時間有更改的可能，抵達安東後先去索取最新資料，若因行程安排，遇不到案內所的上班時間，建議請其他地方的觀光案內所先幫忙詢問。

註：如果找網路資料，有看到「教保生命」的，大多已是舊站資料，建議可先向安東站內的觀光案內所諮詢。

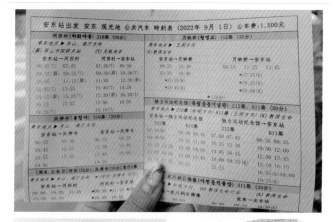

安東巴士站正門前站牌

舊安東站附近的教保生命大樓

「歷史的村落」世界文化遺產

河回村
하회마을

MAP P.213上 / A3

出火車站轉搭
公車約30分鐘

http www.hahoe.or.kr ✉안동시 풍천면 하회종가길 2-1 ☎(054)852-3588 🕐24小時，入場時間09:00～17:30(冬季到16:30)；假面舞演出，3～12月週三～日，1～2月週六、日，14:00～15:00 💲大人5,000₩、青少年2,500₩、小孩1,500₩；芙蓉台來往搭船費用，大人4,000₩、小孩3,000₩ ➡從安東站搭210號公車前往，每天雙向各13班車，週末假日另有急行2路公車，雙向各5班車，單程約30分鐘，之後參考P.214「河回村、屏山書院」交通 ℹ實際有人居住，參觀時請降低音量、勿亂丟垃圾。村口案內所可暫放行李。芙蓉台爬到最高處約15分鐘

因為有三面被韓國最長的洛東江環繞，所以稱之為「河回」。河回村是豐山柳氏的同姓村莊，被山水包圍、猶如太極圖，雖然範圍不大，但出了多位功績卓越、影響歷史的名臣宰相而備受矚目，是韓國公認地靈人傑的風水寶地，英國女王伊莉莎白二世訪問韓國時，還特別來到此處參觀。河回村的地勢易守難攻，在朝鮮半島歷經幾次大戰亂後，得以保存原有樣貌，村內保留朝鮮時代的傳統住宅，可搭小船到對岸芙蓉台，爬山到最高處欣賞河回村全景，若晚上在河回村住宿，推薦傍晚和清晨在村子裡散步，可盡享清新空氣、使身心舒暢。

| 玩 | 家 | 筆 | 記 |

河回別神巫假面舞

韓國的傳統民俗活動，原為祭神儀式，包含祭拜和娛樂神明，目的為驅逐惡魔，祈求豐衣足食、子孫綿延和身體健康，後來成為揭露腐敗的諷刺故事演出，1980年被指定為韓國第69號重要無形文化財。假面舞的專用表演場地位於河回村口旁傳授教育館，建議在表演場入口購買場刊(有中文、每本2,000₩)，可先了解故事內容。

依山傍水的優閒寧靜

屏山書院
병산서원

DATA 遊賞去處

MAP P.213上／A3

出火車站轉搭
公車約40分鐘

http www.byeongsan.net ✉안동시 풍천면 병산길 386 ☎(054)858-5929 ◷09:00～18:00(冬季到17:00)，全年無休 💲免費 🚌請參考P.214「河回村、屏山書院」交通說明 ❓往屏山書院的山路很窄、不建議步行，若要從河回村包計程車前往，可洽詢村口觀光案內所

朝鮮時代的私立學校，位於河回村旁，原名豐岳書堂，是朝鮮著名的儒學家柳成龍為培養弟子而建造，後因對面有著像屏風般的山而改名。柳成龍去世後，弟子和追隨者在此處修建祠堂、供奉其牌位及祭祀，朝鮮末期(1868年)興宣大院君❶頒布書院撤廢令時，全國僅有47座書院被保留下來，屏山書院就是其中之一。因為來往交通不便，屏山書院多數時間都保有寧靜的氣氛，若能登上書院前的晚對樓❷，吹著舒適微風、欣賞周邊景色，將會是最大的享受。

❶興宣大院君(西元1820～1898)，朝鮮王室宗親、高宗皇帝生父，和高宗及其正室明成皇后在政治立場上相左。為打壓儒林學者，大院君頒布書院撤廢令，全國除47座「賜額書院」(國王欽賜匾額的書院)外，其餘都裁撤廢除。

❷晚對樓目前多數時間不能上去，偶而在參觀時間結束前會特別開放(非常態)。

1 2 在書院前的晚對樓欣賞風景，更是有不同的感受 3 4 書院周邊的秋景氣息 5 6 保有寧靜氣氛的屏山書院，也是其迷人的所在

擁有國寶建築的佛教寺院

鳳停寺
봉정사

MAP P.213上／B2

出火車站，公車
＋步行約45分鐘

http www.bongjeongsa.org ✉安東市 서후면 봉정사길 222 ☎(054)853-4181 ◷夏季07:00～19:00、冬季08:00～18:00 ＄大人2,000₩、青少年1,300₩、小孩600₩ ➡從安東站搭310路公車前往，每天雙向各7班車，週末假日另有急行2路公車，雙向各5班車，單程約20分鐘，在鳳停寺終點站下車，從售票處旁往斜坡上走約15～20分鐘 ℹ來往公車班次較少，請留意回程時間

　　傳說這裡是新羅時期的義湘大師，曾經放了一隻會飛的紙鳳凰所停留的地方，所以在此修建寺廟，命名為鳳停寺，但據文獻記載，實際上是義湘大師的弟子能仁師父在新羅文武王12年(672年)建造，之後歷經多次修建，除了有3座列入韓國寶物的建築外，最受注目的是國寶第15號、韓國現存最久的木造建築極樂殿，英國女王也曾造訪此處。鳳停寺和再往上走的靈山庵，距離市區不遠、山路平穩好走，且空氣清新、環境優美，擁有安詳的氣氛，是很適合放空的清靜之地。

1鳳停寺的門口牌樓 2這裡寧靜的秋景也很有舒服的氣息 3極樂殿為國寶15號、韓國現存最久的木造建築

1,000韓圜紙鈔的封面故事

陶山書院
도산서원

MAP P.213上／D1

出火車站，公車
＋步行約1小時

http www.dosanseowon.com ✉安東市 도산면 도산서원길 154 ☎(054)856-1073 ◷09:00～18:00(冬季到17:00)，全年無休 ＄大人1,500₩、青少年700₩、小孩600₩ ➡從安東站搭急行3號公車前往，每天雙向各5班車，單程約60分鐘，在陶山書院站下車，從售票處旁的小路步行約8～10分鐘可至；回程時在停車場對面商店前等車 ℹ非終點站，上公車時請務必告知駕駛要前往的目的地

　　是被喻為「東方朱子」的朝鮮知名儒學家李滉(號退溪)的住所及講學書堂，退溪先生去世後，弟子及儒學家們為紀念其學識品德，將書堂擴建成書院，朝鮮宣祖欽賜匾額，1969年指定為史蹟第170號，與屏山書院並列朝鮮時代的五大書院。書院隔江對岸的試士壇，是朝鮮正祖(李祘)因仰慕退溪先生的才德學識，並為了鼓勵地方儒林學者，下旨進行特別科舉的場所，而退溪先生的儒學成就和對後世的影響，讓其成為韓國1,000韓圜❶紙鈔上的人物。

❶目前1,000韓圜紙鈔，正面為退溪先生肖像，背面的溪上靜居圖，是朝鮮時代畫家鄭歛繪製、陶山書院周邊的風景畫，而前一版的背面圖為陶山書院全景。

14陶山書院令人醉心的秋黃楓紅景致 2停車場外的入口 3書院對面的試士壇

遊賞去處

DATA

韓國最長的木橋、夜景最美

月映橋
월영교

MAP P.219 / B2

出火車站轉搭
公車約10分鐘

📮안동시 상아동569 🕐24小時，噴水時間4～10月週六、日12:30、18:30、20:30，每次約20分鐘 💲免費 🚌1.從安東站搭112號公車前往，每天雙向各3～4班車，單程約30分鐘，在月映橋站下車即到，或搭到對面的民俗博物館再往回走月映橋；2.市區「教保生命」(舊安東站旁)前搭計程車，車程約6分鐘、車費約4,100₩ ⓘ非終點站，請告知駕駛要前往的目的地

　　月映橋位於安東水庫之上，是韓國目前最長的木棧橋，為紀念朝鮮時代的愛情故事而建造，安東地區有許多與月亮相關的傳說，因此公開投票命名時「月映」兩字雀屏中選。站在月映橋上，可以欣賞周邊洛東江的風景，但比起白天，晚上有燈光襯飾的夜景更是吸引人，天氣好時還可以看到水中月映橋的倒影，是安東市區知名的賞夜景地點，橋身兩側設有噴水台，水柱噴出之時更增添浪漫氣氛。

1月映橋的入口處 **2 3**此處白天景色優美，夜景更是迷人 **4**入口旁的銀杏小徑

月映橋周邊地圖

安東民俗博物館
안동민속박물관

洛東江
낙동강

公車站牌
(往舊安東站、教保生命方向)

公車站牌
(月映橋站下車、
往安東民俗博物館)

喜鵲之家 假祭祀飯
까치구멍집 헛제사밥

月映橋
월영교

北

往教保生命方向
교보생명 방면

往安東民俗村、文化觀光園區、KBS攝影場
안동민속촌、문화관광단지、KBS촬영장 방향

大邱順遊之旅

浦項・盈德・慶州・安東

特色美食

微甜下飯好料、可調整辣度

元祖安東蒸雞
원조안동찜닭

MAP P.213下／A1

出舊火車站
步行約11分鐘

DATA

📧안동시 번영1길 47(남문동) 📞0504-2015-4307 🕐08:00～22:00，最後點餐21:00 ❌每月不定時休息2次(週末除外) 💲安東蒸雞中28,000₩(2～3人)、大45,000₩(4～5人)，白飯(공기밥)1,000₩另計 ➡市區「教保生命」(舊安東站旁)對面直走約2分鐘左轉，再直走約7分鐘、蒸雞街內(찜닭골목내)左側路口 ❓可1人用餐，吃不完可打包

　　「蒸雞」是源自安東的知名韓國料理，各處多以「安東蒸雞」為名稱。在1920年代、從平壤(北韓)等西北方城市開始，韓國常吃的是「辣雞湯」，材料和蒸雞差不多，但是湯比較多，一直到1980年代，有客人在安東舊市場吃飯時，跟店家要求不同作法，因而出現所謂的「蒸雞」。「安東蒸雞」的材料有雞肉、韓式冬粉、馬鈴薯、紅蘿蔔和蔬菜，加入大蒜、洋蔥、生薑、辣椒、醬油、糖和胡椒等燉煮，微甜口味很下飯，現在安東舊市場有很多蒸雞料理店，這裡介紹的「元祖」據說是最老店，口味不錯、可調整辣度，提供給讀者參考囉！

1店家外觀 2樓韓式地板座位用餐區 3中份的安東蒸雞，適合2～3人一起享用

特色美食

美味韓牛排骨雙吃法

新首爾排骨
뉴서울갈비

DATA

MAP P.213下 / B2

出舊火車站
步行約2分鐘

📧 안동시 음식의1길 10(운흥동)　📞(054)843-1400　🕐11:30～22:00，最後點餐21:00，全年無休　💲韓牛生排骨(한우생갈비)32,000₩、白飯(공기밥)1,000₩另計，啤酒(맥주)、燒酒(소주)4,000₩　➡舊安東火車站對面左轉，直走一下的巷口右轉，再走一下的左側　ℹ️可1人用餐；基本須點2份

「韓牛」是有專業評鑑分級的高檔牛肉，韓國各地有多處韓牛飼養地，安東是其中較為知名的。在韓國吃到的牛肉，有進口牛(較便宜)、一般韓國肉牛(中價位)，和最高級韓牛；韓牛肉膽固醇含量低，不飽和脂肪酸高，肉質更鮮嫩，價格約比一般肉牛多3成，因為量少價高，是韓國人嫁娶或表達感謝的貴重禮物，代表重視和誠意。

安東火車站對面巷弄的飲食街區，聚集有多家烤韓牛排骨的專賣店，「新首爾排骨」位於飲食街巷口，使用可讓韓牛烤肉更美味的真木炭，除了烤的吃法，還會利用剪下的排骨製作「辣蒸排骨」(찜갈비)，和大醬湯(韓式味噌湯)一起免費提供給客人，雖然店內也有調味過的排骨可選擇，但老闆說還是原味生韓牛排骨最好吃囉！

❶店家外觀 ❷用生菜包著烤肉和小菜一起吃 ❸餐後附送的辣蒸排骨和大醬湯 ❹雖然鐵板也可以烤肉，但真木炭烤的風味更佳

特色美食

平價連鎖輕食店

飯捲天國
김밥천국

DATA

MAP P.213下 / B2

出舊火車站
步行約3分鐘

📧 안동시 경동길 665(남부동)　📞(054)852-9298　🕐24小時　💲各餐點2,500～9,000₩　➡安東火車站對面左轉，步行約2～3分鐘巷口　ℹ️可1人用餐；可參考P.105菜單

「飯捲天國」是韓國各地常可看到的輕食連鎖店，各分店菜單差不多，有飯捲、辣炒年糕、泡麵、湯鍋、蓋飯、豬排等數十種餐點，通常是24小時營業，可以一個人用餐，是節省旅遊經費的好選擇。韓國的紫菜包飯，外觀像壽司，但是米飯裡沒有加醋，而是在紫菜上刷一層麻油，鋪上白飯和各種食材，然後捲起來切成適當大小，因此稱為飯捲感覺更貼切。安東的景點大多在郊區，有時用餐不方便，建議搭車前可來打包飯捲備用喔！

❶店家外觀 ❷原味蒸餃 ❸年糕煮泡麵

起源安東的民俗料理

喜鵲之家 假祭祀飯

까치구멍집 헛제사밥

MAP P.219／A1

月映橋對面
步行約1分鐘

📧안동시 석주로203(상아동) 📞(054)821-1056 🕐11:00～15:00，17:00～20:00，最後點餐19:00 🚫每週一 💲基本假祭祀飯12,000₩，加安東甜米露的餐13,000₩，甜米露單點3,000₩，其他單點8,000～15,000₩ ➡️參考P.219月映橋，在橋入口對面 ❓可1人用餐(基本假祭祀飯)

1 店家外觀 2 3 宮廷料理九折板，用中間蘿蔔片把菜包著一起吃 4 店內有韓式地板、西式座椅兩種座位可選擇 5 一人份假祭祀飯

Menu

喜鵲之家菜單

☐ 假祭祀飯／헛제사밥
☐ 烤鯖魚／간고등어
☐ 九折板／구절판
☐ 安東甜米露／안동식혜

「假祭祀飯」顧名思義，就是假的祭祀料理，主要的由來說法是，朝鮮時代糧食不足，只能在祭拜祖先或神明之後，吃祭祀過的魚、蛋和肉類，有一些受禮教約束的安東儒生，為了想在平常吃肉，而將料理偽裝成祭祀的飯菜，這就是假祭祀飯的由來。「喜鵲之家」位在月映橋旁，是安東有名的假祭祀飯老店，肉類和蛋放在祭祀用的黃銅盤上，另外將白飯倒在菜碗裡，加點辣椒醬或醬油一起吃，此外也可單點宮廷料理九折板❶，或是安東知名的烤鯖魚，都是不錯的選擇。

❶ 九折板，用中間的白蘿蔔片(或白麵皮)，將旁邊8樣配菜包起來吃的韓國傳統宮廷料理。

常用短句

你好嗎？	안녕하세요？	在哪裡？	어디에 있어요？
謝謝	감사합니다.	怎麼去？	어떻게 가요？
對不起	미안합니다.	什麼時候？	언제예요？
沒關係	괜찮아요.	請給我這個	이거 주세요.
請稍等一下	잠깐만 기다려 주세요.	請幫助我	도와 주세요.
請問有會說中文的人嗎？		중국어 할 수 있는 분 있어요？	
請問有中文菜單嗎？		중국어 메뉴판이 있어요？	

詢問

附近的觀光案內所在哪裡？		이 근처에 관광안내소가 어디에 있어요？	
有中文旅遊資料嗎？		중국어 여행 자료가 있어요？	
可以拿走這個東西嗎？		이거 가져가도 돼요？	
廁所在哪裡？	화장실이 어디에 있어요？	請問匯率是多少？	환율이 얼마예요？
有寄物櫃嗎？	보관함이 있어요？	可以照相嗎？	사진을 찍어도 돼요？

用餐

可以只點___人份的嗎？		___인분만 주문해도 돼요？	
最好吃(最好喝)的是哪個？		뭐가 가장 맛있어요？	
請多給我一點(追加)		더 많이 주세요.	
請問有小圍兜嗎？(防衣服弄髒)		앞치마가 있어요？	
請問有大塑膠袋嗎？(防外套包包沾到味道)		큰 봉지가 있어요？	
請幫我換烤盤。(烤肉店使用)		불판 좀 갈아주세요.	
請給我一樣的	같은 것으로 주세요.	請幫我加湯	국물 좀 더 주세요.
我是素食者	저는 채식주의자예요.	請幫我打包	포장해 주세요.

口味

什麼食物是不___的？		辣	맵다
어떤 음식이 ___지 않아요？		酸	시다
___一點。	___게 해 주세요.	甜	달다
一點___。	조금 만 ___게 주세요.	苦	쓰다
不要辣。	맵지 않게 주세요.	鹹	짜다
請幫忙去掉_____。	_____빼고 주세요.	蔥／蒜／洋蔥	파／마늘／양파

223

交通

請給我(數量)張到(地點)的票。	(地點)까지 (數量)장 주세요.
請問下班車到達的時間？	다음 차 언제 와요？
往_____的車要在哪裡搭？	_____에 가는 차 어디서 타면 돼요？
到站時請告訴我。	도착하면 알려 주세요.
請問要怎麼去_____？	_____ 어떻게 가야 돼요？
請問有中文地圖嗎？	중국어 지도 있어요？
請問票價最便宜的時間是什麼時候？	표값이 가장 싼 시간대가 언제예요？
請幫我儲值。	충전해 주세요.
請幫我退款。	환불 부탁드려요.
請把T-money卡還給我。	T-money카드를 되돌려 주세요.

購物

請問多少錢？	얼마예요？
可以試穿嗎？	입어봐(신어봐)도 돼요？
有其他顏色嗎？	다른 색 있어요？
請給我一個新的。	새 걸로 하나주세요.
請幫我打折。	좀 깎아 주세요.
請問今天營業到幾點？	오늘 몇시까지 영업해요？
請問有退稅的服務嗎？	외국인 TAX-FREE 있어요？
請給我收據。	영수증 주세요.

住宿

有空房間嗎？	빈 방 있어요？
住一晚多少錢？	하루에 얼마예요？
可以先看看房間嗎？	방 좀 봐도 돼요？
我再考慮看看。	좀 더 생각해 볼게요.
有這裡的名片嗎？	여기 명함 있어요？
好像壞掉了。	고장난 것 같아요.
沒有熱水(飲用水)。	뜨거운 물이 없어요.
沒有熱水(洗澡用)。	뜨거운 물이 안 나와요.
請多給我一個棉被／枕頭。	이불 / 베개 한개 더 주세요.
可以幫我保管嗎？	좀 보관해 주실래요？